W0033464

MARTIN SCHULZ

WAS MIR WICHTIG IST

Rowohlt · Berlin

1. Auflage Juni 2017
Copyright © 2017 by
Rowohlt · Berlin Verlag GmbH, Berlin
Satz aus der Documenta bei
Pinkuin Satz und Datentechnik, Berlin
Druck und Bindung
CPI books GmbH, Leck, Germany
ISBN 978 3 7371 0030 4

INHALT

WAS MIR WICHTIG IST

VORWORT

Deutschland im Jahr 2017. Nachdem ich Anfang des Jahres mein Mandat als Abgeordneter des Europäischen Parlaments niedergelegt habe, reise ich kreuz und quer durch unser Land. Ich treffe viele Menschen, die mir von ihrer Arbeit und ihrem alltäglichen Leben berichten. Ich diskutiere und höre viel zu in diesen Tagen, weil ich auf diesen Gesprächen vor Ort mein Programm aufbauen möchte, mit dem ich mich im September 2017 als Bundeskanzler bewerbe.

Ich habe unzählige Geschichten erzählt bekommen und spannende Einblicke erhalten, dabei eine Menge gelernt, oft gestaunt und gelacht. Habe von Hoffnungen, Träumen und Wünschen erfahren, aber auch Verzweiflung, Sorge, manchmal Trauer gespürt. Da gab es Geschichten, in denen es um den Stolz ging, etwas erreicht zu haben, sei es im Beruf oder im Privaten; zum Beispiel, dass die Kinder oder Enkel eine gute Ausbildung geschafft oder den ersehnten Studienplatz bekommen hatten. Oder die Freude darüber, endlich die passende Wohnung gefunden zu haben oder dass der Kauf eines eigenen Hauses geklappt hat. Ich habe Kreative getroffen, Handwerker in kleinen oder mittelständischen

Betrieben und Unternehmer, die mit ihren Produkten Weltmarktführer sind, auch wenn man sie kaum kennt. Sie alle waren stolz auf das Erreichte, und sie erwarteten zu Recht, dass man ihnen Respekt und Anerkennung für ihre Lebensleistung entgegenbringt. Dasselbe gilt für diejenigen, die sich engagieren, sei es im sozialen Bereich, in der Nachbarschaft oder in der Schule ihrer Kinder, im Sportverein oder beim Umweltschutz, in der Kirche, im kulturellen Bereich, in der Flüchtlingshilfe, in einer Partei oder Gewerkschaft. Mit ihnen allen habe ich geredet, und sie haben mir von ihrem Leben erzählt.

Diese Menschen sind in der Regel froh, in Deutschland zu leben. Ohne jeden falschen Nationalismus empfinden sie das, was viele auch im Ausland sehen: Nur wenige Länder sind so frei, so demokratisch, wohlhabend und sozial sicher wie Deutschland. Und nichts von dem, was wir bei uns so schätzen, kam von selbst. Alles ist erarbeitet und nicht selten auch erkämpft worden. Deshalb ist die erste Erwartung vieler Menschen, dass wir Politiker ihre Leistungen und ihre Fähigkeiten würdigen. Aber natürlich gibt es auch bei uns in Deutschland vieles, was besser sein könnte. Und deshalb müssen wir, die wir in Parlamente und Regierungen gewählt wurden, offen sein für Vorschläge und Ideen, wie wir dort, wo es ungerecht zugeht, die Dinge ändern können.

Ich habe mir jedenfalls fest vorgenommen, mir Offenheit, Neugier und einen wachen Blick zu bewahren, immer zuzuhören und mich von einem guten Argument überzeugen zu lassen. Ideologische Scheuklappen habe ich schon als junger Mensch abgelehnt, weil dadurch die

Weite und Tiefe verlorengeht – und ehrlicherweise auch der Spaß an vielen Dingen.

Aber neben dem, was in Deutschland getan werden muss, um es gerechter, toleranter und zukunftsfester zu machen, gibt es auch eine internationale und europäische Erwartung an unser Land: Das Jahr 2017 ist das Jahr, in dem Großbritannien seine Mitgliedschaft in der EU aufgekündigt hat und in manchen europäischen Staaten die Demokratie hart herausgefordert wird. Es ist das Jahr, in dem mit Donald Trump ein unverbesserlicher Populist Präsident der USA geworden ist. Die Krisenherde der letzten Jahre im internationalen Umfeld werden immer schwieriger – man muss nur einmal nach Syrien, in den Nahen und Mittleren Osten, nach Russland oder in die Türkei schauen. Das heißt: Es kommt nun auch stärker als in der Vergangenheit darauf an, welche Rolle Deutschland in den kommenden Jahren international spielen wird. Ob wir ein fairer Vermittler in Europa und weltweit werden und dadurch eine Brücke zwischen bislang unversöhnlichen Kontrahenten bauen können. Ob wir die westlichen Werte von Freiheit, Demokratie und Menschenrechten im eigenen Lager hochhalten und verteidigen und mit einer wertegeleiteten europäischen Demokratie das friedliche, soziale, ökologische und tolerante Gegenmodell zu den autoritären Regimen werden. Auch darüber will ich in diesem Buch schreiben, über meine langjährigen Erfahrungen im internationalen Kontext und welche Erkenntnisse ich daraus für die deutsche Politik gewonnen habe.

Nur auf Sicht zu fahren und Herausforderungen durch Abwarten lösen zu wollen, reicht in diesem Jahrzehnt ganz bestimmt nicht mehr. Da können wir anspruchs-voller werden – und genau das erwarten die meisten Menschen, davon bin ich überzeugt, auch von der Politik. Denn 2017 ist ebenso das Jahr, in dem sich wieder mehr Menschen für Politik interessieren, vor allem viele junge Frauen und Männer, die durch den Brexit und andere Ereignisse gelernt haben, dass sie nicht beiseitestehen dürfen. Das sind Menschen, die sich einmischen, gegen rechts aufstehen und Europa als unsere Zukunftschance sehen. Das ist eine gute Entwicklung. Meine Reisen durch Deutschland machen mir auch deshalb so große Freude, weil ich so viele dieser Engagierten treffen kann.

Denn wenn man als Spitzenpolitiker in gepanzerten Fahrzeugen durch die Gegend braust, wenn man von Referenten und Pressesprechern umgeben ist, die den ganzen Tag darauf achten, dass man nichts Falsches sagt, dann geht etwas von der eigenen Offenheit, der Boden-haftung und der Spontaneität verloren. Das ist ein enor-mes Risiko. Aber es gibt Strategien, diese Vereinsamung und Abgehobenheit zu vermeiden: zum Beispiel ein Team, das selbstbewusst genug ist, einem auch mal den Kopf zu waschen, wenn man in einer Sachfrage oder bei einer Äußerung danebengelegen hat. Für mich sind es vor allem meine Familie, meine Nachbarn und Freunde, die mir die Bodenhaftung ermöglichen. Da gibt es kein «Herr Vorsitzender» oder «der Kandidat», sondern da bin ich einfach «der Martin».

Aber ich habe noch eine weitere Strategie: Seit über dreißig Jahren führe ich Tagebuch. Ich habe über dreißig Bände, für jedes Jahr einen und für jeden Tag genau eine Seite. Dieses Tagebuchführen ist für mich eine Art des rituellen Nachdenkens, eine Reflexion über den Tag. Meist abends in meinem Arbeits- oder Hotelzimmer schreibe ich diese eine Seite als meinen persönlichen Tagesabschluss. Das ist mir wichtig. Als ich gefragt worden bin, ob ich nicht in diesem – für mich außergewöhnlichen – Jahr ein politisches Buch schreiben wolle, dachte ich natürlich zuerst: «Das ist verrückt. Dafür hast du weiß Gott keine Zeit, in diesem Wahlkampfjahr.» Aber dann fiel mir auf, dass vielleicht genau das Gegenteil richtig ist: dass ich mir die Zeit nehmen muss, um aufzuarbeiten, was ich erlebt habe, was mich bewegt hat und was mir Sorgen macht. Darum gibt es nun dieses Buch, in dem ich erzähle, was mir wichtig ist und warum. Es will kein abschließendes politisches Programm sein, dafür ist es nicht der richtige Ort. Vielmehr enthält es Geschichten und Gedanken, zeigt auf, wo ich in unserem Land Probleme sehe, und macht Vorschläge. Es versammelt die Themen, über die ich in den vergangenen Wochen und Monaten nachgedacht habe, und Erlebnisse, die für mich von Bedeutung waren. Es ist auf diese Weise ein persönliches Buch geworden, das zugleich sehr politisch ist, weil es deutlich machen will, wer ich bin und wofür ich stehe.

Martin Schulz
im Mai 2017

KAPITEL 1

Hier komme ich her

Eine Kleinstadt als Heimat

Das Gefühl, zu Hause zu sein, eine Heimat zu haben, ist eines der wichtigsten Dinge in unserem Leben. Für mich persönlich ist es unvorstellbar, dieses Gefühl zu verlieren. Denn zu spüren, wo meine Heimat ist, gibt mir ein Gefühl der Sicherheit. Nur an einem Ort kann ich richtig zur Ruhe kommen. Nur an einem Ort kann ich zu hundert Prozent ich selbst sein. Nur an einen Ort kehren meine Gedanken immer und immer wieder zurück.

Für mich ist Würselen der zentrale Fixpunkt in meinem Leben geblieben, als ich in Brüssel im Europäischen Parlament tätig war und auch jetzt, wo ich in Berlin eine neue Rolle eingenommen habe. Hier bin ich aufgewachsen, hier habe ich die Schule besucht. Hier habe ich angefangen, Fußball zu spielen, habe bei der Rhenania versucht, es bis zu den Profis zu schaffen. Hier habe ich meine eigene Buchhandlung eröffnet und zwölf Jahre lang geführt. Hier habe ich bei der Jugendorganisation der SPD, den Jungsozialisten oder «Jusos», die ersten Schritte in der Politik unternommen. Hier wurde ich 1987 zum Bürgermeister gewählt und übte dieses Amt fast elf Jahre lang aus. Ich habe meine Familie in Würselen gegründet und immer noch viele enge Freunde hier.

So wie jeden Menschen seine Herkunft prägt, so bin auch ich von dieser Region geprägt worden. Meine Eltern haben mich und meine vier Geschwister hier großgezogen. Sie haben hier den Krieg durchlebt. Mein Bruder Erwin war gerade einen Tag alt, als er mit meiner Mutter und meinem Großvater im Keller unseres Hauses das Bombardement der Amerikaner überstehen musste. Mir geht es wie den meisten Menschen: Unsere Heimat hat eine Fülle von Geschichten zu erzählen, und ich kenne viele davon. Denn Würselen ist für mich nicht nur ein Ort, es ist mein Netz aus Familien- und Freundesbanden, aus Erinnerungen und Beziehungen.

Ich habe in dieser aus Berliner Sicht kleinen Stadt so viel gelernt. Am meisten vielleicht während meiner Zeit als Bürgermeister. Wer einmal Bürgermeister war, egal, ob von einer Gemeinde, einer kleinen Stadt oder einer Millionenmetropole, der weiß, dass alle Probleme irgendwann im Rathaus landen. Würselen ist mit knapp vierzigtausend Einwohnern eine mittlere Stadt. Auch dort ist es so: Irgendwann sind die Probleme, ob sie beim Arbeitsamt auftreten, bei der Polizei, beim Jugend- und Sozialamt, in den Schulen und Altenheimen, bei den Mittelständlern und kleinen Ladenbesitzern, im Sportclub, der lokalen Kulturszene oder bei der Feuerwehr, auf dem Tisch des Bürgermeisters. Ich selbst habe es nicht selten erlebt, dass Menschen zu mir kamen und sagten: «Wir waren schon überall. Sie sind unsere letzte Hoffnung.» Oft konnte ich helfen. Manchmal auch nicht. Immer aber habe ich zugehört, ein offenes Ohr gehabt. Im direkten Kontakt mit den Menschen und ihren Hoffnungen, Wünschen und Sorgen zu sein, hat mich für mein Leben geprägt.

Politik aus der Bürgerperspektive

Ich denke heute noch oft an diese Situationen. Aus ihnen sind viele Leitbilder meiner politischen Philosophie entstanden: An erster Stelle steht hier der Respekt vor den Menschen und ihren Schicksalen. Die Menschen, die zu mir ins Bürgermeisterbüro kamen und mir erzählten, sie seien schon überall gewesen und niemand hätte ihnen helfen können: Sie waren häufig an anderer Stelle wie Nummern behandelt worden. Oft weitergeschickt, der «Fall» weitergeleitet, dann zum Warten verdammt. Nie hatte jemand richtig zugehört. Deshalb tat ich zuerst immer das: Ich hörte zu, versuchte, das Problem zu verstehen. Für mich muss das Zuhören immer der erste Schritt sein. Aus diesem Grund habe ich auch die Erarbeitung meines Wahlprogramms als Bundeskanzler so angelegt: Ich reise durch Deutschland, um zu hören, was die Menschen bewegt. Denn nur, wenn ich konkret erfahre, wo die Chancen und Risiken liegen, wenn ich weiß, wie sich – oft gutgemeinte – Gesetze im Alltag möglicherweise gegenteilig auswirken, nur dann kann ich Politik machen, die sich an den Bedürfnissen der Menschen orientiert und die die hart arbeitenden Menschen, die sich an die Regeln halten, ins Zentrum rückt.

Ich wurde von einigen Medien und von anderen Parteien in Deutschland für dieses Vorgehen kritisiert. Ich hätte ja an meinem ersten Tag keine Inhalte präsentiert. Man erwartete wohl, dass ich über Nacht in meinem stillen Kämmerlein eine Art Masterplan für Deutschland entworfen hätte. Das habe ich nicht getan, und zwar bewusst. Ich entwickle mein Programm aus Geschichten, die ich in der ganzen Republik höre.

Denn wenn man den Menschen zuhört, erfährt man schnell, wann sie an die Grenzen ihrer Leistungsfähigkeit stoßen und wo sie sich Unterstützung wünschen. Ich habe zum Beispiel bei einer Veranstaltung in Leipzig eine alleinerziehende Mutter getroffen, die mit ihrem Halbtagsjob 1300 Euro verdient. Davon bleiben dann am Monatsende weniger als 1000 Euro übrig. Von diesem Geld muss sie die Miete bezahlen, den Strom, das Wasser, die Heizung, die Windeln, das Essen und auch noch die Kitagebühren, wenn die Stadt ihr keine Ermäßigung genehmigt oder ihr die Gebühren ganz erlässt. Es ist absurd, aber in vielen Fällen Realität. Menschen gehen arbeiten, damit sie von dem Einkommen die Kitagebühren bezahlen können. Eigentlich müsste es doch umgekehrt sein: Wir brauchen kostenfreie Kitaplätze, damit man arbeiten gehen kann und mehr Geld für die Familie zusammenbekommt. Das muss geändert werden, und deshalb sind kostenfreie Kitaplätze für mich nicht nur eine Frage der Gerechtigkeit, sondern auch einfach logisch.

Dieses Beispiel ist nur eines von vielen. Es zeigt aber, was mir wichtig ist, wenn ich von guter Politik oder meiner politischen Philosophie spreche. Am Ende zählt bei unserem politischen Handeln das, was bei den Menschen ankommt. Ich wünsche mir, dass dieses Denken immer im Vordergrund steht, wenn wir über eine Maßnahme beraten. Auch dass wir wegkommen von dem Denken in Milliarden, das heute Usus geworden ist. Jeden Tag müssen in Berlin wichtige Entscheidungen über Milliarden getroffen werden. In den letzten Monaten schlug die Union beispielsweise folgende Maßnahmen vor: zwanzig Milliarden Euro oder mehr für die Aufstockung der Rüstungsausgaben mit gleichzeitigen Kürzungen bei den Sozialausgaben. Fünfzehn Milliarden Euro an Steuererleichterungen und die Abschmelzung des Solidaritätszuschlags, durch die Bund und Länder noch einmal über fünfzehn Milliarden an Einnahmen verlieren werden. Ich halte diese Vorschläge in dieser Form aus einer Reihe von Gründen für falsch. Aber sie illustrieren am besten, was ich hier unterstreichen möchte: Wenn wir Politik machen, dann sollten wir nicht nur in Milliarden denken. Wir sollten es von der anderen Seite betrachten, von der Seite der Bürgerinnen und Bürger. Was zählt, ist die Frage nach den zehn, hundert oder tausend Euro, die am Ende direkt bei den Menschen im Portemonnaie ankommen. Für viele Menschen wäre es eine enorme Erleichterung, wenn der Kitaplatz kostenfrei wäre. Und für die meisten Bürger ist es sehr wichtig, dass es eine funktionierende Infrastruktur gibt, also eine gutsortierte Bibliothek, Beratungsstellen beim Jugend- und Sozialamt, Jugendzentren und sichtbare Polizei auf der Straße. Hier zu kürzen, um massiv aufzurüsten, halte ich für falsch. Deshalb: Was man im Rathaus lernt, ist, dass Politik den Menschen direkt zugutekommen muss. Steuergeschenke mit der Gießkanne, von denen am Ende nur die profitieren, die eh am meisten haben, wird es mit mir nicht geben. Eher Maßnahmen, die unsere Gemeinschaft stark machen. Im Grunde sind es Maßnahmen, die zum Beispiel jemanden in Würselen direkt erreichen würden. Oder in einem anderen Ort in Deutschland, den kaum jemand auf der Karte finden würde, außer den Menschen, die dort ihre Heimat haben. Maßnahmen, die dort das Leben besser machen, wo Menschen leben. Denn Leben ist lokal.

In der Stadt und auf dem Land

Ich selber bin mein ganzes Leben lang an einem Fleck verwurzelt geblieben. Aber ich bin mir bewusst, dass das bei weitem nicht jedem so geht. Ich habe viele Menschen getroffen, die fernab von ihrem Geburtsort ein zweites Zuhause gesucht und gefunden haben. Man muss aber nicht sein Leben lang an ein und demselben Ort gelebt haben, um ein spezielles Heimatgefühl zu entwickeln. Manchmal reicht eine prägende Erfahrung, ein bestimmter Geruch, eine Erinnerung oder eine Begegnung.

Heimat existiert heute nicht mehr nur da, wo Menschen ihr Leben lang an ein und demselben Ort leben. Schaue ich in meinen Freundeskreis, dann ist es eher eine Seltenheit geworden, dass die eigenen Kinder noch dort ihren Lebensmittelpunkt haben, wo sie in ihrem Elternhaus aufgewachsen sind. Für Ausbildung, Studium oder den Beruf gehen sie oft in andere Städte; in Deutschland, aber auch immer häufiger im Ausland. Manchmal kehren sie zurück, aber oftmals bleiben sie an den neuen

Orten. Mit der fortschreitenden Vernetzung, im Transportwesen wie im Kommunikationsbereich, und durch manchen Strukturwandel, der Menschen zum Umzug zwingt, hat sich die Mobilität in Deutschland noch erhöht.

Das bietet unendlich viele Möglichkeiten und hat uns als Volkswirtschaft stark gemacht. Es stellt uns allerdings auch vor Herausforderungen. Ich möchte zwei davon beschreiben. Zum einen geht es darum, überall die gleichen Standards anzubieten. Denn egal, wo man lebt: Jeder Ort sollte einem die Chance bieten, Heimat zu werden. Deshalb müssen wir dafür sorgen, dass das Angebot – sei es im sozialen Bereich oder bei der Infrastruktur – sich nicht von Ort zu Ort fundamental unterscheidet. Selbstverständlich liegen einige Bereiche wie etwa die Bildung vor allem im Kompetenzbereich der Bundesländer. Es ist Folge unseres Föderalismus, dass nicht alles überall gleich gehandhabt wird. Das verlange ich auch nicht. Es geht darum, gemeinsame Ziele für unser Land zu definieren. Sicherzustellen, dass es gerecht zugeht und dass die Menschen eine faire Chance auf ein selbstbestimmtes Leben haben. Und zwar überall.

Zum anderen müssen wir vermeiden, dass wir ein Land der überforderten Ballungszentren werden und dass wir den ländlichen Raum, die kleinen und mittleren Städte in ihrem Potenzial nicht richtig entwickeln. Ich denke, wir können zu Recht stolz auf unsere dezentralisierte Kultur in Deutschland sein. Hier ist nicht alles nur in der Hauptstadt konzentriert, wie das zum Beispiel in Frankreich der Fall ist. Wir sind ein Land, in dem jede Region ihre ganz eigene Stärke hat. Wir können unzählige regionale Erfolge vorweisen, ob in Nord, Süd, Ost oder West. Da wird manches zunächst lokal oder regional ausprobiert, was später dann von anderen Bundesländern übernommen wird. Unser Föderalismus ist ein Erfolgsmodell. Wir erleben allerdings einen Trend hin zum Urbanen. Immer mehr Menschen zieht es in immer größere Städte und Ballungszentren. Dort finden sie neben Arbeit ein vielfältiges Kulturprogramm, ein abwechslungsreiches und dynamisches urbanes Leben und viele Freizeitmöglichkeiten. Städte haben eine enorme Anziehungskraft auf Menschen, und sie leben dort meistens sehr gerne. Dass immer mehr Menschen in Städte ziehen, bringt aber auch enorme Herausforderungen mit sich: Schon heute ist der Wohnraum in manchen Metropolen knapp geworden. Bei Wohnungsbesichtigungen bilden sich Menschenschlangen, die bis auf die Straße reichen. Den Zuschlag bekommt dann oft der, der die beste Einkommenssituation vorweisen kann: Ein Arbeitsvertrag mit gutem und stabilem Einkommen, ein möglichst makelloser Lebenslauf, eine Schufa-Auskunft, eventuell noch eine Bürgschaft – all das wird heute vielerorts gefordert, wenn man einfach nur eine Wohnung mieten möchte. Man könnte die Liste der Probleme der Über-Urbanisierung beliebig fortführen: Umweltprobleme, Anonymisierung und Vereinsamung, längere Anfahrtswege und dadurch hoher Stress für die Betroffenen, überfüllte öffentliche Verkehrsmittel, Knappheit bei sozialen Leistungen, Gentrifizierung und so weiter.

Es ist deshalb wichtig, dass es Alternativen gibt. Der erste Grund, in eine Stadt zu ziehen, ist bei den meisten eine berufliche Entscheidung oder der Zugang zu Bildung. Gäbe es diesen Druck nicht, so mancher würde es bevorzugen, auf dem Land zu leben. Schaffen wir es, ländliche Regionen stark zu machen und die ländlichen Regionen, die schon stark sind, auch stark zu halten, ist das gut für den Wirtschaftsstandort Deutschland und gut für die Menschen in Deutschland. Wer auf dem Land leben möchte, der soll dort die gleichen Chancen haben wie jemand, der in der Stadt wohnt. Klar, die Anforderungen sind andere, aber das Prinzip muss das gleiche sein. Wir werden auf Dauer nicht in jedem Ort eine eigene Schule oder ein eigenes Kulturzentrum erhalten oder errichten können. So ehrlich sollten wir sein. Aber solche Einrichtungen dürfen nicht weit entfernt sein. Wenn nicht direkt vor Ort, dann gut zu erreichen durch eine bezahlbare Anbindung im öffentlichen Personennahverkehr.

Bei allen Trends hin zur Urbanisierung lebt heute noch immer mehr als die Hälfte der deutschen Bevölkerung in ländlichen Regionen, in Dörfern oder kleineren Städten. Für mich ist daher ganz klar, dass wir diese Regionen stärker in den Blick nehmen müssen. Politik für den ländlichen Raum muss als Zukunftspolitik begriffen werden. Hier geht es auch darum, die Landwirtschaft, die nach wie vor in vielen Orten ein kultureller und wirtschaftlicher Fixpunkt ist, zukunftsfest und nachhaltig zu machen. Es lohnt sich, landwirtschaftliche Familienbetriebe zu erhalten, zu stärken und zu fördern. Denn hier sind oft das Wissen und die Erfahrung ganzer Jahrhunderte konzentriert. Aber es geht noch um viel mehr: um die Weiterentwicklung ländlicher Regionen zu modernen Lebensräumen, die mit den urbanen Regionen

Schritt halten können. Und auch das ist eine Frage des Respekts. Viele Menschen, die – so wie ich – aus kleineren Städten oder Dörfern kommen, werden von manchen Metropolenbewohnern als Provinzler belächelt. Weil sie nicht die Kleidung tragen, die gerade in Großstädten hip ist, weil sie sich den heimischen Dialekt bewahrt haben, weil sie nicht nur Sushi, sondern auch die lokale Küche mögen. Für mich ist Provinz kein Schimpfwort. Die Provinz hat Deutschland stark gemacht. Und: Die Provinz ist für die allermeisten Menschen eben nicht «provinziell», sondern höchst lebenswert.

Deshalb möchte ich eines betonen: Wenn wir vom Respekt und der Würde der Menschen sprechen, dann ist dies auch ein Prinzip, das sich in einer energischen Politik für die Erhaltung ihrer Lebensräume ausdrücken muss. Ich möchte einen zentralen Auftrag, den uns unser Grundgesetz in Artikel 72 vorgibt und der anscheinend etwas in Vergessenheit geraten ist, wieder in den Vordergrund rücken: den Auftrag des Bundes, «gleichwertige Lebensverhältnisse in Deutschland» zu schaffen.

Um den ländlichen Raum zu erhalten und fit für die Zukunft zu machen, brauchen wir Investitionen: in die lokale Infrastruktur, in die Bildung und Qualifizierung vor Ort und in die Schaffung und Modernisierung der digitalen Anschlüsse. Es darf uns nicht passieren, dass ganze Landstriche von der Digitalisierung ausgeschlossen werden und sich die Menschen abgehängt fühlen. Wir brauchen einen Plan für die Organisation der ländlichen Daseinsvorsorge. Wir brauchen Kriterien, die über das Wirtschaftliche hinausreichen und das Soziale und Kulturelle stärker in den Blick nehmen. Es ist eine große Aufgabe, aber eine, die sich lohnt. Ich will diese Aufgabe anpacken. Weil ich aus meiner eigenen Erfahrung als Kommunalpolitiker weiß, wie wichtig sie ist. Weil es ein Thema ist, das mir selbst sehr am Herzen liegt. Und weil Menschen einfach eine Heimat brauchen.

KAPITEL 2

Der Kampf gegen rechts
und den Ultranationalismus

Ein Kind in einem Nachkriegselternhaus

D as Leid, das durch die Nationalsozialisten über Deutschland und ganz Europa gebracht wurde, hat auch vor der Geschichte meiner Familie nicht haltgemacht. Ich möchte diese hier nicht in Gänze ausbreiten. Aber ich möchte exemplarisch vom Schicksal eines Mannes erzählen.

Es ist die Geschichte von Josef, dem Bruder meiner Mutter. 1943 wurde er im Alter von achtzehn Jahren in die Wehrmacht eingezogen. Zwei Jahre lang war er im Krieg. Er musste als Soldat nach Russland und schaffte es, 1945 von dort unverletzt zurückzukommen. So hätte die Geschichte enden können. Glücklich. Zumindest so glücklich, wie eine Kriegsgeschichte sein kann. Sie endete aber anders. Denn als mein Onkel 1945 aus dem Krieg zurückkam, meldete er sich in Belgien freiwillig, um dort die Minen der Wehrmacht wieder zu entfernen. Er war Minenspezialist. Hatte Minen gelegt, konnte aber auch Minen räumen. Vielleicht suchte er ein klein wenig Wiedergutmachung, wollte einen kleinen Beitrag leisten beim Wiederaufbau eines zerstörten Landes. Nur wenige Monate nach seinem ersten Einsatz trat er bei einem dieser Räumungsversuche auf eine Mine. Er hatte es durch den Krieg geschafft, aber er schaffte es nicht durch seine Nachwehen. Der Bruder meiner Mutter starb im Alter von zwanzig Jahren.

Ich bin mit meiner Mutter jedes Jahr im November zum Grab meines Onkels gefahren, das sich auf einem Soldatenfriedhof in Belgien befindet. Auch nach ihrem Tod halte ich diese Tradition am Leben. Denn es ist wichtig, sich zu erinnern. An eine Zeit, die für viele heute unvorstellbar ist.

Auch für mich war all das, was nur zehn Jahre vor meiner Geburt sein Ende gefunden hatte, unvorstellbar. Aber als kleiner Junge sah ich, was der Krieg zerstört hatte. Ich sah es in den Augen meiner Mutter, und ich sah es selbst bei meinem Vater, obwohl dieser bis zu seinem Tode nur selten mit mir über den Krieg sprach. Weil ich spürte, dass in unserem Land etwas Abscheuliches und Grauenvolles vorgegangen sein musste, fing ich an zu lesen. Über den Krieg. Über den Nationalsozialismus.

Ich war sechzehn Jahre alt, als ich die erste Hitler-Biographie las. Es war das Buch «Hitler. Eine Studie über Tyrannei» des britischen Historikers Alan Bullock. Dieses Buch habe ich geradezu aufgesaugt, weil ich mit jeder Seite mehr begriff, was für eine monströse Figur Hitler gewesen war. Aber unterschwellig habe ich schon damals gefühlt, dass das nicht alles war. Dass nicht alles von einem einzelnen Mann hatte ausgehen können und mehr dahinterstecken musste. Dann, 1973, erschien die Biographie von Joachim Fest über Adolf Hitler – ein vieldiskutiertes Werk. Es warf die Frage nach Hitlers historischer Größe auf, was damals große Debatten auslöste und über die man auch noch heute streiten kann. Das Fest-Buch habe ich mir zu Weihnachten gewünscht, das weiß ich noch ganz genau. Ich bekam es von meinem Bruder Walter geschenkt. Kurz nach der Bescherung am Heiligabend habe ich mich sofort in mein Kämmerlein zurückgezogen und angefangen zu lesen. Habe nicht mehr aufgehört. Das Buch sogar mit in die Schule genommen und in jeder freien Minute darin gestöbert.

Ich war wie besessen. Nichts interessierte mich mehr, als diesen Wahnsinn zu verstehen, der da auf deutschem Boden stattgefunden hatte. Antworten zu finden auf die unzähligen Fragen: Wie war es möglich? Wie konnte Deutschland solch einem rassistischen und antisemitischen Wahn verfallen? Wie konnte Deutschland der Welt, ja der gesamten Zivilisation, der Kultur, der Aufklärung und der Toleranz den Krieg erklären? Wie konnte es in seinem Fanatismus den eigenen Untergang in Kauf nehmen? Das sind Fragen, die mich als Heranwachsenden nicht haben ruhen lassen und die mich auch heute noch aufwühlen und antreiben.

Ich lernte mit jedem Satz und mit jeder Zeile, die ich las, mehr über die Nazis. Die Hitler-Biographie von Fest machte für mich klar, dass der Wahnsinn des Dritten Reiches ein strukturelles Phänomen gewesen sein musste. Und jedes weitere Buch verstärkte diese Gewissheit, ob es nun Eugen Kogons «Der SS-Staat» oder Siegfried Lenz' «Deutschstunde» war. Mir wurde die ganze Dimension dieser verbrecherischen Maschinerie klar. Je mehr ich verstand, desto stärker wuchs meine Ablehnung, mein innerer Widerstand gegen das Unmenschliche. Ich fühlte mich persönlich betroffen, und dieses Gefühl grub sich tief in meine junge Seele. Und bei all den vielen Gräueln, die der Nationalsozialismus mit sich gebracht hatte, erinnere ich mich, dass ich schon als ganz junger Mann nichts als unmoralischer und niederträchtiger empfunden habe als den Antisemitismus. Den Hass auf eine ganze Volksgruppe, auf eine Glaubensgemeinschaft, auf Mitmenschen, weil sie Juden sind. Das konnte ich nicht verstehen, und es hat mich zutiefst verstört. Das kann ich auch heute nicht verstehen. Das werde und will ich niemals verstehen.

Als ich durch diese Phase ging, war ich sehr jung. Ich wollte zu diesem Zeitpunkt noch keine politische Karriere starten. Damals dominierten in meinem Kopf, bei aller Lektüre und Versessenheit, der Fußball und der Traum, Profi zu werden. Aber wenn ich heute zurückblicke, dann hat meine tiefe Überzeugung, dass wir nie wieder zulassen dürfen, was im deutschen Nationalsozialismus geschehen ist, in diesen Jahren ihren Ursprung. Sie hat ihren Ursprung in dem tiefen Unrechtsempfinden, das mich packte.

Willy wählen!

Dass es mich in die Politik verschlug, hatte andere Gründe. In erster Linie mein Aufwachsen in einer siebenköpfigen und sehr politischen Familie: zwei Eltern, fünf Kinder. Mein Vater war wenig politisch und eher Sozialdemokrat, meine Mutter hatte den CDU-Ortsverein mitbegründet. Bei uns wurde ständig diskutiert. Und es war nicht leicht, sich gegen die Meinungs- und Stimmgewalt meiner Eltern und Geschwister durchzusetzen. Deshalb trainierte ich früh. Lernte verbale Schlagfertigkeit, lernte zu erzählen und lernte, Allianzen zu schmieden. Denn das war nötig. Meinen Eltern war wichtig, dass wir politisch aufwuchsen. Vor allem aber, dass wir republikanische Werte lernten: dass gegenseitiger Respekt und Toleranz die Basis des Miteinanders sind. Eines erfolgreichen, funktionierenden Miteinanders – von der Familie hin in die gesamte Gesellschaft. Das hat mich von Kindesbeinen an geprägt, auch meine älteren Geschwister, die alle schon immer sehr politisch waren. Ich habe als Jüngster sozusagen Politik vom ersten Tag an aufgenommen.

Mein Elternhaus hat mir den Zugang zur Politik eröffnet. Was mich aber wirklich dazu bewogen hat, später selbst Politik zu machen, das war der Zeitgeist der Ära Brandt. Wir haben das damals alle gespürt, auch ich als junger Bursche. Da tat sich etwas, ganz fundamental. Da veränderte sich etwas in einer Art und Weise, wie es das nie gegeben hatte. Das riss uns alle mit. Erst rückblickend weiß ich, wie epochal diese Veränderung war.

Da gab es auf einmal die 68er-Generation, zu der auch zum Teil meine älteren Geschwister gehörten, die anfing, die politischen Strukturen der Bundesrepublik Deutschland massiv zu hinterfragen und zu verändern. Die ihre Eltern fragte: Was habt ihr gemacht in der Nazizeit? Habt ihr geschwiegen? Die Augen verschlossen? Oder gar mitgemacht als Mitläufer oder Überzeugungstäter? Deutschland hat in dieser Zeit begonnen, seine jüngste

Vergangenheit aufzuarbeiten, und dadurch ist Deutschland letztlich zu einem offenen und toleranten Land geworden. Wenn ich heute manche Häme gegen die 68er-Generation höre, fehlt mir dieser entscheidende Aspekt, weil wir doch alle von jener sanften Revolution profitiert haben, auch wenn es dabei manche Irrwege und Sackgassen gegeben haben mag.

Und da gab es Willy Brandt. Einen Staatsmann, der im Dritten Reich selbst Emigrant und im Widerstand gewesen war und der dadurch große moralische Integrität besaß. Er stand über dem Muff und Mief, den die Adenauer-Ära ausgestrahlt hatte, und er war bereit, mit der noch jungen Bundesrepublik neue Wege zu gehen. Ich glaube, dass 1969 für mich eigentlich fast das prägendste Jahr war – noch prägender als spätere Jahre. An die Regierungserklärung von Willy Brandt 1969 kann ich mich erinnern, als wäre es heute. Mit vierzehn Jahren habe ich fasziniert vor dem Fernsehapparat gesessen, alles in Schwarzweiß: Willy Brandt im Deutschen Bundestag.

Damals berührte mich die Erscheinung dieses großen Staatsmannes. Viele der Sätze, die er an diesem Tag sagen sollte, haben mich mein ganzes Leben lang begleitet. Sätze wie: «Wir wollen mehr Demokratie wagen.» Das hieß, dass ein deutscher Kanzler die demokratische Teilhabe für alle Menschen öffnen wollte. In einer bis dato doch sehr geschlossenen Gesellschaft, wo die einzelnen Milieus voneinander abgegrenzt waren. Das finde ich bis heute geradezu epochal. Dann war da der Satz: «Wir wollen ein Volk der guten Nachbarn sein und werden im Inneren und nach Außen.» Ein Satz, so einfach und zugleich so programmatisch. Er verkörpert die tolerante Gesellschaft der Bürgerinnen und Bürger in einem Land und den respektvollen und friedlichen Umgang der Völker untereinander. Und drittens war da der Satz: «Die Schule der Nation ist die Schule.» Dieser Satz stammte ursprünglich von Helmut Schmidt, der damals Verteidigungsminister war und zu Brandts Rede zugeliefert hatte. Für die in der Tradition des preußischen Militarismus erzogenen Generationen hatte immer der Satz gegolten: «Die Armee ist die Schule der Nation.» Das heißt, dass dieser neue Satz von Helmut Schmidt, den Brandt dann aufgriff, das alles umwarf. Er war ein Abschied vom preußischen Modell hin zu einem aufgeklärten Staatswesen, in dem die Schule und die aufgeklärte Bildung der Bürgerinnen und Bürger im Mittelpunkt stehen sollten. Wieder so ein weitreichender programmatischer Satz, der eine völlige Veränderung der Demokratie in Deutschland mit sich bringen sollte.

Das ist der Grund, warum ich eigentlich in die Politik und in die SPD gegangen bin. Diese kleinen Elemente. Ich war beeindruckt von der Haltung dieser Politiker, vor allem von Brandt. Ein Mann, der selbst verfolgt worden ist. Der aus seiner Heimat fliehen und sogar seinen Namen hatte ändern müssen. Solch ein Mann kniet 1970 in Warschau nieder und bittet mit einer bescheidenen, gleichwohl großen Geste stellvertretend für das gesamte deutsche Volk um Verzeihung. Es war ein Moment, in dem die Zeit stehenblieb. Und in dem in mir die Gewissheit weiterwuchs: Die Partei eines solchen Mannes muss auch meine Partei werden.

Politik gegen den Zerfall der Demokratie

Am 20. Dezember 1974, an meinem neunzehnten Geburtstag, trat ich in die SPD ein. Ich engagierte mich bei den Jusos, im Stadtrat und wurde Jahre später Bürgermeister. Mein politisches Handeln war vorrangig an lokale Problemstellungen gebunden, aber die großen Fragen der Geschichte unseres Landes, der Ethik und der politischen Philosophie ließen mich nie wirklich los.

Als ich «Die Auflösung der Weimarer Republik» von Karl Dietrich Bracher las, verstand ich, dass die größte Gefahr für die Demokratie der Glaube ist, sie sei selbstverständlich. Das spiegelt sich sehr gut in einem Zitat des britischen Philosophen Edmund Burke wider, der sagte: «Für den Triumph des Bösen reicht es, wenn die Guten nichts tun.» Mir wurde klar, dass Politik auch eine Frage von handelnden Personen in sich verändernden Strukturen ist. Es geht ums Handeln. Denn die dämonischen Kräfte der Zerstörung sind immer lebendig. Das ist vielleicht das große Schicksal, mit dem wir Menschen fertigwerden müssen. Dass wir zu allem fähig sind – zu allem Konstruktiven, aber auch zu allem Destruktiven.

Wir Deutschen sind eine Nation, die von dieser Janusköpfigkeit zutiefst geprägt ist. Die Formel eines Landes der Dichter und Denker, aus dem ein Land der Richter und Henker wurde, kommt nicht von ungefähr. Sicher können wir hierfür viele Begründungen finden. Meiner Ansicht nach hat Heinrich August Winkler in seinem Werk «Der lange Weg nach Westen» die Rolle Deutschlands und den deutschen Sonderweg wie kaum ein zweiter Historiker beschrieben. Es gab ihn, diesen deutschen Sonderweg. Es gab und gibt auch in anderen Ländern Zerstörungskräfte von rechts und ebenso von links. Die Kombination aus Militarismus und zerstörerischer Gewalt. Die Formierung der Massen zu einem Block, der dann einem Führer folgt. All das ist nicht spezifisch deutsch, das gab es auch woanders. Aber dass sich dieser exterminatorische Wille in dieser einzigartigen Weise Bahn brach, das war spezifisch für unser Land. Deshalb sind demokratische und gerade sozialdemokratische Politiker in Deutschland in besonderer Weise verpflichtet, die Demokratie zu verteidigen.

Wir müssen verteidigen, was Heinrich August Winkler als den «Westen» charakterisiert hat: kein geographischer Ort, sondern ein gesellschaftlich konzeptioneller, aufklärerisch geprägter, gewaltenteilungsorientierter und mit der Verteidigung der Grundrechte seiner Bürger befasster Rechtsstaat. Dieses Wertegerüst des «Westens» ist unser Bollwerk, um nicht in Zeiten der Unmenschlichkeit zurückzufallen.

Auschwitz

Wer verstehen will, warum die Verteidigung unserer Wertegesellschaft keine Option, sondern bürgerliche Verpflichtung ist, der muss nach Auschwitz fahren. Ich war im Jahr 2005 dort, beim sechzigsten Jahrestag der Befreiung. Es ist für mich unvergesslich. Ich war als sozialdemokratischer Fraktionsvorsitzender im Europaparlament dort. Der polnische Staatspräsident Aleksander Kwaśniewski hatte die Staatsoberhäupter aller Länder eingeladen, die in Auschwitz Opfer zu beklagen hatten. Ich stand schräg gegenüber von Jacques Chirac und Wladimir Putin. Und der damalige israelische Staatspräsident Mosche Katzav hielt eine Rede. Und während er sprach, lief eine Frau zum Rednerpult und fing an, zu rufen und zu schreien. Wie ich später erfahren habe, rief sie auf Hebräisch: «Warum ihr und nicht ich? Warum habe ich überlebt? Warum ich?» Ein Verzweiflungsschrei. Es war bitterkalt an diesem Tag. Alles voller Schnee. Und diese Frau stand da in einem Pullover. Sie hatte sich ihren Pelzmantel ausgezogen und zeigte ihren Arm mit der tätowierten Nummer. Das war ein Moment, den man sein ganzes Leben nicht mehr vergisst. Alles kam zusammen, auch dass ausgerechnet der israelische Staatspräsident zu diesem Zeitpunkt sprach. Der Repräsentant des Landes, dessen Gründung unter anderem auch die Antwort auf Auschwitz war. Und diese verzweifelte Frau in ihrem bitteren Leid in dieser eisigen Kälte – das war so symbolisch für all das Grauen.

Ich war in meinem Leben dreimal in Auschwitz. Jedes Mal ist mir aufgefallen, dass es ihn gibt, den Geist, der Orte prägt. Als ich zum ersten Mal nach Auschwitz gefahren bin, habe ich dieses Tor mit dem Gleis gesehen, sah dieses Tor, sah die Schienenstränge. Und das erste Gefühl war, dass ich es kannte. Es hatte nichts Fremdes. Ich hatte das schon so oft gesehen – in Filmen, in Büchern, auf Fotografien. Es kam mir irgendwie bekannt vor. Als ich dann im Lager Auschwitz I und in Auschwitz-Birkenau war, kam mir auch dort alles bekannt vor, weil ich es schon so oft gesehen hatte. Dieses Gefühl ist extrem befremdlich. Zu spüren und gleichzeitig zu wissen, dass an diesem Ort des Grauens Millionen Menschen ermordet wurden – das geht unter die Haut. Das lässt einem das Blut gefrieren. Du stehst vor den Ruinen der Krematorien und weißt, das ist ein Ort, an dem Menschen getötet wurden. Du siehst eine Rampe, die es ja heute noch gibt, und weißt: Das ist der Ort der Selektion. Dort, wo Mengele stand und die Leute aussortiert hat, sich zum Herrn über Leben und Tod aufschwang.

Ich habe den größten Respekt vor allen, die heute in Auschwitz und den anderen ehemaligen nationalsozialistischen Lagern arbeiten. Sie halten die Erinnerung wach und kämpfen gegen das Vergessen. Bei meinem Rundgang, bei dem sie mich leiteten, ging es mir, wie es wohl jedem geht, wenn er bereit ist, sich dieser bitteren und tieftraurigen Wahrheit, die Auschwitz ist, zu stellen. Die Koffer zu sehen, die unzähligen Koffer, die Brillen, die Schuhe, die Haare. All die persönlichen Gegenstände, die dort ausgestellt sind. Das geht einem natürlich sehr nah. Aber am schlimmsten ist es, die Kammern zu sehen, wo die Kinderspielzeuge und die Kinderkleider ausgestellt sind. Da brechen viele Leute ab, weil sie das einfach nicht verkraften. Ich habe mich jedes Mal gezwungen, alles anzuschauen. Jedes Mal bin ich wie jeder andere zutiefst aufgewühlt nach Hause gefahren.

Die Bilder, die sich bei einem Besuch in Auschwitz im Kopf festsetzen, lassen einen nicht mehr los. Sie fügten sich bei mir in die vielen Analysen und Geschichten, die ich über die Nazizeit gelesen hatte. Sie formten sich zu Verzweiflung, zu Vorwürfen, zu brennender Wut und zu tiefer Traurigkeit. Ich fragte mich häufig: Warum? Wie konnte es so weit kommen? Ich fand viele Antworten in den Büchern, die ich las. Eine der schwierigsten Fragen ist jedoch die des richtigen Umgangs mit einem solchen Thema. Welche Antwort findet man auf die Verbrechen? Welche Verantwortung erwächst für eine Generation wie die meine und die vielen folgenden Generationen? Frei von persönlicher Schuld, tragen wir dennoch die Verantwortung dafür, dass sich diese Verbrechen niemals wiederholen.

Ich persönlich habe meine Schlüsse gezogen: Wann immer ich kann, werde ich erinnern. Ich werde handeln. Es gibt so viele bewundernswerte Menschen, die dies jeden Tag tun. Zu ihnen blicke ich auf. Sie geben mir Mut. Einen ganz besonderen traf ich am 1. November 2011.

Begegnung mit Gabriel Bach

Wie geht man mit einem Verbrechen um, das zu gewaltig ist, um es in Worte zu fassen, das jede Vorstellungskraft sprengt? Wie verfährt man mit den Tätern? Wie definiert man Schuld in einem Geflecht von Überzeugungstätern, Mitläufern und auch Unschuldigen? Nichts brachte all diese Fragen in ihrer Härte und Komplexität derart offen zutage wie der Eichmann-Prozess.

Adolf Eichmann war verantwortlich für die Logistik der Vertreibung und späteren Deportation von Millionen von Juden und damit ein entscheidender Verantwortlicher für den millionenfachen Tod von Unschuldigen. Er war hauptverantwortlich für die Transporte nach Auschwitz, organisatorisch im Reichssicherheitshauptamt für die Bahntransporte zuständig. Nach Kriegsende floh er nach Argentinien, wo ihn der Mossad 1960 aufgriff und nach Israel brachte, um ihm den Prozess zu machen. Die Anklage lautete: schuldig am Mord von Millionen europäischen Juden. Eichmann wies dies zurück und plädierte auf «im Sinne der Anklage nicht schuldig». Seine Strategie war es, sich als kleines Rädchen in einem großen Getriebe darzustellen, als Teil einer Kette, in der er nicht hätte ersehen können, wozu sein Handeln letztendlich führte. Er sei Befehlsempfänger gewesen, habe nur Befehle ausgeführt und persönlich gar nichts gegen Juden gehabt. Ein Offizier müsse eben die Befehle ausführen, die er erhalte. Sein Prozess war ein entscheidender Prozess. Es ging nicht nur um Eichmanns Schuld, sondern mit der seinigen auch um die Schuld von Tausenden anderer Deutscher, die für sich in gleicher Weise reklamierten, nicht schuldig zu sein.

Der stellvertretende Ankläger für den Staat Israel war Gabriel Bach. Liest man über den Eichmann-Prozess, liest man über Bach; liest man über die Wannsee-Konferenz, bei der Eichmann Protokoll führte, liest man über Bach. Seine Person hatte mich schon lange fasziniert. Als Präsident des Europäischen Parlaments konnte ich viele politische Kontakte nach Israel knüpfen. Eine gute Beziehung zu Israel war für mich als Nachkriegsdeutschen immer eine Herzensangelegenheit; die gute Beziehung des Europäischen Parlaments zum israelischen Parlament, der Knesset, von herausragender Wichtigkeit. Avraham Burg, ein früherer Knesset-Präsident, ist durch diese institutionellen Kontakte zu einem guten Freund von mir geworden. Er war es, der schließlich den Kontakt zu Gabriel Bach herstellte. Ich rief Bach an und fragte ihn, ob es möglich wäre, ihn einmal persönlich zu treffen. Bach zögerte keine Sekunde und lud mich zu sich und seiner Frau nach Jerusalem ein.

In Jerusalem erzählte Bach mir vom Prozess. Davon, wie schwierig alles gewesen war, auch für ihn persönlich. Er erzählte mir, wie schnell klargeworden war, dass Eichmann kein unwissendes Rädchen in einer großen Maschine gewesen war, sondern ein kalter Überzeugungstäter. Und wie schwierig es gewesen war, diesen Mann neutral zu vernehmen. Denn auch das israelische Gesetz verlangte von den Anklägern, dass sie versuchen, entlastendes Material zu finden.

Bach erzählte davon, wie den israelischen Strafverfolgern die Hafttagebücher des Auschwitzkommandanten Höß von den polnischen Behörden überlassen worden waren. Höß habe dort sinngemäß geschrieben: ‹Das war für meine Männer nicht leicht. Wenn wir an den Gaskammern standen, gingen selbst meine Männer manchmal in die Knie, wenn sie da Kinder reintragen sollten. Und dann waren wir froh, wenn Obersturmbannführer Eichmann kam, der uns sagte: Gerade die Kinder! Denn wenn die überleben, das sind die Rächer.› Bach sagte zu mir, er habe solche Zeilen nur wenige Minuten vor einem der unzähligen Verhöre Eichmanns gelesen. Fast in dem Moment, als Bach das Tagebuch zuklappte, habe Eichmann den Raum betreten. Und im Verhör blieb Eichmann bei seiner Geschichte: Rädchen im Getriebe. Nur Befehle ausgeführt. Dann hat Bach Eichmann diese

Zeilen vorgelesen. Eichmann hat geschwiegen. Für Bach war das das Schlimmste. Kein Bitten um Vergebung. Keine Reue. Nicht einmal eine Reaktion. Nur Stille. Welche Gefühle in Bach getobt haben müssen, wage ich mir nicht vorzustellen.

Die Haltung, mit der mir Gabriel Bach diese Geschichte in seinem Wohnzimmer in Jerusalem erzählte, beeindruckt mich noch heute. Wie er mich, einen Deutschen, in seinem Heim empfing. Aus dem Land, das auch das Land von Eichmann war. Wie jeden anderen Gast. Herzlich, offen, gutmütig. Das hat mich tief berührt. Es hat mich noch tiefer berührt, nachdem mir Gabriel Bach seine persönliche Verbindung zu Deutschland geschildert hatte. Er sagte mir: «Herr Schulz, ich bin in Aachen, in Ihrem Wahlkreis, mit einem Fußtritt aus Deutschland hinausbefördert worden.» Gabriel Bachs Eltern waren gutsituierte Leute. Sie konnten sich zur rechten Zeit freikaufen und verließen 1938 das Deutsche Reich mit dem Zug in Richtung Niederlande. Am Aachener Bahnhof war der Zug von der SS ein letztes Mal aufgehalten worden. «Wir mussten alle unsere Koffer aufmachen. Die letzten Wertsachen meiner Eltern haben sie noch rausgenommen. Und der Zug rollte schon an. Da hat mich ein SS-Mann mit einem Fußtritt in den Zug befördert. Ich bin sozusagen aus Deutschland mit einem Fußtritt hinausbefördert worden.»

Eigentlich müsste dieser Mann Deutschland hassen. Eigentlich müsste er uns Deutsche verdammen. Aber er tut es nicht. Der Sohn vertriebener jüdischer Eltern aus Berlin. Mit zehn Jahren exiliert. Selbst Vater von Kindern und hoher Jurist in diesem neuen Land Israel.

Er, der Staatsanwalt, der einem der mörderischsten Menschen, die unser Land je gesehen hat, Auge in Auge gegenübersaß – er besitzt die Größe zu sagen: Das Urteil ist gesprochen. Was nun zählt, ist die Zukunft. Und die Zukunft wird auf Vergebung gebaut. Es ist eine Haltung, die ich später auch bei vielen anderen Israelis beobachten durfte: eine Zugewandtheit uns Deutschen gegenüber, ja eigentlich sogar die tiefe Zufriedenheit, dass es jetzt ein demokratisches Deutschland gibt, das ein Partner von Israel ist. Dass dort, wo Hass, Unmenschlichkeit, Mord und Elend waren, nun die Freundschaft blühen kann.

Mitten in unserem Gespräch stand Bach auf und fragte mich, ob ich noch die Schalker Mannschaft von 1938 kenne. Da war ich, Jahrgang 1955, überfragt. Aber Bach, Jahrgang 1927, kannte noch jeden Spieler und zählte alle Namen auf, von Kuzorra über Fritz Szepan bis hin zu Hans Klodt. Das Schlimmste sei für ihn als zehnjähriges Kind, das seine Heimat verlassen musste, gewesen, dass er nicht mehr am Volksempfänger die Spiele von Schalke 04 hören konnte. Dann holte er aus dem Nebenzimmer einen Schal von Schalke 04. Er ist bis heute treuer Fan geblieben.

Einen Menschen wie Gabriel Bach getroffen zu haben, empfinde ich als große Ehre, seine Haltung als eine der beglückendsten Erfahrungen, die ich in meinem politischen Leben gemacht habe. Ich habe ihm beim Abschied nach unserem ersten Zusammentreffen gesagt: «Ihre Karriere und Ihr Leben sind in meinen Augen ein Beweis dafür, dass es auf dieser Welt Gerechtigkeit gibt.» Ich bin dankbar dafür, dass ich ihm das sagen durfte.

Gerechtigkeit existiert nicht im leeren Raum

Die Lebensgeschichte von Gabriel Bach zeigt, dass selbst nach größtem Unglück, nach der schlimmsten Menschheitskatastrophe in der Geschichte der Zivilisation, Gerechtigkeit siegen kann. Das ist das Ermutigende. Die Moral ist jedoch eine andere: Gerechtigkeit ist eine Frage der Haltung. Gabriel Bach hatte die Wahl: sein Leben lang den Deutschen Rache schwören – oder an der Zukunft zu bauen. Er entschied sich für den schweren und ehrenhaften Weg der Versöhnung.

Genau wie er haben auch wir Deutsche jeden Tag die Wahl. Es ist eine andere Wahl, aber die Entscheidung bleibt dieselbe. Meine Erkenntnis, nachdem ich mich seit meinem sechzehnten Lebensjahr mit dieser Frage beschäftigt habe, ist die folgende: Wir sind nicht direkt verantwortlich für die Taten der Nationalsozialisten, doch die Verantwortung, den Schwur «Nie wieder» einzulösen, diese Verantwortung tragen wir als nachkommende Generationen für alle Zeiten. Auch wenn wir individuell keine Schuld tragen, haben wir Verantwortung für Taten, die von einer Gemeinschaft begangen wurden, der wir angehören. So hat es Hannah Arendt zutreffend beschrieben. Diese Verantwortung muss unser Handeln leiten.

Unser Schwur «Nie wieder» ist nur so viel wert wie das Handeln, das aus ihm entsteht. «Nie wieder» bedeutet, dass wir nie wieder erlauben, dass Menschen verachtet werden. «Nie wieder» bedeutet, dass wir nie wieder erlauben, dass Menschen in ihrer Freiheit beschränkt werden.

«Nie wieder» bedeutet, dass die Würde des Menschen nie wieder auch nur in Frage gestellt werden darf. «Nie wieder» bedeutet auch, dass wir unsere Werte und unsere Demokratie, den moralischen «Westen», gegen all die verteidigen, die ihn angreifen. Jeden Tag einzuschreiten gegen die Rückkehr von Dämonen, die wir in Europa für überwunden hielten und die doch immer wieder ihre hässliche Fratze erheben: den Antisemitismus, den Rassismus, den Ultranationalismus, die Intoleranz. Uns klar zu bekennen zu den Werten der Aufklärung: zu Freiheit, Demokratie und der Unveräußerlichkeit der Menschenrechte.

Aus all diesen Gründen habe ich mich persönlich entschieden: Wo ich kann, werde ich aufstehen. Gegen den Ultranationalismus, gegen die Hetze und den Populismus. Vor allem in diesen Tagen, in denen Nationalismus und Populismus eine gefährliche Renaissance erleben.

KAPITEL 3

Mein Europa

I ch kann mich noch ganz genau an die Momente erinnern, als ich mit meiner Mutter die Verleihung des
Karlspreises an Jens Otto Krag (1966) und an Joseph Luns
(1967) sehen durfte. Krag hatte sich als dänischer Minis-
terpräsident besonders für den Beitritt seines Landes zur
Europäischen Wirtschaftsgemeinschaft engagiert. Luns
hatte sich als niederländischer Außenminister für die
europäische Einigung eingesetzt und für sein Land im
Jahr 1957 die Römischen Verträge unterzeichnet. Mein
Vater war regelmäßig als Polizist zur Sicherung der Veranstaltung in Aachen im Einsatz. Er ließ uns damals unbemerkt unter dem rot-weißen Absperrband hindurch-
steigen und bis ganz nach vorne auf den Platz vor dem
Rathaus laufen. Aus nächster Nähe konnte ich damals als
elfjähriger Junge sehen, wie sich Weltpolitiker in meiner
Heimat der Bevölkerung zeigten. Da standen sie dann
auf dem Balkon: die Preisträger, flankiert von Staatsmännern und Preisträgern vergangener Jahre. Ich blickte
buchstäblich zu ihnen auf. Meine Hand in der Hand meiner Mutter, die dann sagte, als wir zum Balkon des Rat-

hauses hochblickten: «Das sind große Leute. Die bringen uns den Frieden.»

Dass ich selbst einmal den Aachener Karlspreis bekommen würde, hätte ich nie für möglich gehalten. Als ich diese Nachricht im Jahr 2015 erhielt, war ich sehr berührt. Denn schließlich hatte ich bis dahin mein gesamtes politisches Leben dem europäischen Projekt gewidmet, und dieser Preis ist eben eine Auszeichnung für ein besonderes Engagement für Europa. Menschen wie François Mitterrand, Václav Havel oder Papst Johannes Paul II. hatten diesen Preis vor mir erhalten. Auf dem Balkon, zu dem ich als Kind hinaufgeblickt hatte. Dort sollte ich nun selbst stehen.

Am Tag der Zeremonie hielten Bundespräsident Joachim Gauck, der französische Präsident François Hollande und der jordanische König Abdullah II. Ibn Al-Hussein die Festreden. Jean-Claude Juncker war als Präsident der Europäischen Kommission da, Donald Tusk als Präsident des Europäischen Rates. Der Präsident der Ukraine, Petro Poroschenko, war gekommen, ebenso wie die Bundespräsidentin der Schweiz, Simonetta Sommaruga, der finnische Präsident Sauli Niinistö, die litauische Präsidentin Dalia Grybauskaitė und der spanische König Felipe VI. So viele gekrönte Häupter und Staats- und Regierungschefs waren nach meiner Kenntnis noch nie bei einer Karlspreis-Verleihung. Mein Freund Peter Maffay spielte eine Akustikgitarren-Version von «Über sieben Brücken mußt du gehn», dem Klassiker der DDR-Rockband Karat. Es war einer der schönsten Tage in meinem politischen Leben.

Verdun

Was für ein Kontrast! Unzählige europäische Staats-
und Regierungschefs feiern in Deutschland gemeinsam
freudestrahlend das europäische Einigungswerk und
verteilen jedes Jahr Auszeichnungen an die, die sich in
besonderer Weise dafür eingesetzt haben. In Anbetracht
dieser Bilder ist es schier unvorstellbar, dass sich nur ein
knappes Jahrhundert zuvor Deutsche und Franzosen in
einer der grausamsten Schlachten in der Geschichte ge-
genüberstanden. Und erst recht erscheint es mir unfass-
bar, dass mein Großvater dies miterleben musste.

Denn er war vor Verdun stationiert gewesen. Dort,
wo am 21. Februar 1916 mit einem neunstündigen Trom-
melfeuer aus 1250 Kanonenrohren eine zehnmonatige
Höllenfahrt begann. Eine Schlacht zwischen Deutschen
und Franzosen, die schon vor dem Zweiten Weltkrieg
zu einem Symbol der Sinnlosigkeit des Krieges und der
tiefen Abgründe der menschlichen Seele wurde. Immer
wieder waren neue Tötungsmaschinen herangekarrt,
immer wieder die Truppen verstärkt worden. Auf beiden Seiten glaubte man, man müsse den Gegner materiell übertrumpfen. Materiell bedeutete mit Waffen,
Munition, Kriegsgerät, aber zynischerweise, vor allem
auf der deutschen Seite gemäß der Strategie des Ober-
befehlshabers Falkenhayn «Die Franzosen müssen sich
weiß bluten», eben auch: mit Menschen. Ein grauenhaf-
ter Wettlauf: Wer mehr Krieg produzieren konnte, der
würde gewinnen. Welch ein Irrglaube. Das Einzige, was
Verdun produzierte, waren bis dahin ungekannte Gräuel.

Es war ein Stellungskrieg, in dem sich die deutschen und französischen Truppen oft nur wenige Meter voneinander entfernt in Gräben verschanzt gegenüberlagen. Es war ein Krieg in einer extremen Parallelwelt. Ein Krieg, der alles verschlang, selbst die eigene Seele. In den Gräben Verduns, der «Knochenmühle», wurde mit allem getötet: mit Granaten, mit Gewehren, mit Messern, mit Stiefeln und mit den bloßen Händen. Im immer größer werdenden Spinnennetz der Gräben verschwammen die Konfliktlinien. Unter dem tosenden Lärm des Artilleriefeuers wurde die Kommunikation abgeschnitten. Menschen starben hier oft nur, weil sie herausfinden wollten oder mussten, was zwanzig Meter weiter geschah.

Am 19. Dezember 1916 endete die Schlacht. Weder Deutsche noch Franzosen hatten sie für sich entscheiden können. Die Frontlinie hatte sich kaum merklich verschoben. Erst drei Jahre später sollte die volle Dimension der Verluste an die Öffentlichkeit gelangen: Mehr als 300 000 Soldaten hatten ihr Leben verloren. Die genaue Zahl ist bis heute nicht bekannt.

Als Jugendlicher bin ich in den siebziger Jahren mehrfach im Sommer nach Verdun gefahren. Ich wollte verstehen, was da auf europäischem Boden geschehen war. Ich hatte kein Geld, aber ich hatte meine Neugier und eine schon damals präsente tiefe Verbundenheit zu Frankreich. Ich fuhr allein per Anhalter, übernachtete in der nahen Umgebung. Was mich trieb, war die Erwartung des Augenblickes, an dem ich mir eines Tages würde vorstellen können, was hier geschehen war. Ich wollte dann eine Ahnung bekommen, was mein Großvater hier erlebt haben musste und wie er das alles hatte tun können.

Niemand, den ich dort traf, hatte es je verstehen können. Ich selbst warte noch heute auf diesen Moment.

Verdun ist unfreiwillig zu einem Mahnmal geworden. Hier standen einmal neun Dörfer. Nichts ist davon mehr da, außer ein paar Straßen- und Ortsschilder mitten im Wald. Dort, wo die Wiesen einmal eben verliefen, da ist heute eine mit Gras bewachsene Kraterlandschaft, die die vielen Granaten hinterlassen haben. Läuft man durch den Wald, so entdeckt man hier und da noch einen der Schützengräben. Im Jahr 2013 lud ich den FAZ-Herausgeber Frank Schirrmacher ein, mit mir einen Tag in Verdun zu verbringen. Wir wollten gemeinsam den Ort besuchen, der die Notwendigkeit der europäischen Zusammenarbeit symbolisiert und verdeutlicht. Wir gingen gemeinsam über die Schlachtfelder und in die Wälder, wo die Schützengräben versteckt waren. Verdun hat 1916 alles verloren, was es bis dahin war. Symbolisch hierfür ist der «Tote Mann», eine damals besonders umkämpfte Anhöhe, wo Unzählige ihr Leben ließen. Dort versagt heute der Handyempfang. Und wenn man genau hinhört, dann ist es, als würde jedes Geräusch verschluckt. Man hört nichts. Kein Vogel zwitschert. Keine Biene summt. Man fühlt sich wie hundert Meter unter der Wasseroberfläche, aber man blickt in grüne Wiesen und Wälder. Hier hat Verdun seine Stimme verloren. Aber Verdun muss gar nicht laut sprechen, um gehört zu werden. Die Nachricht von Verdun ist deutlich. Frank Schirrmacher hat es 2013 brillant formuliert: «Die Antwort auf die Frage, warum es ein geeintes Europa geben müsse, hat man eigentlich immer mit einem Wort beantworten können: Verdun.»

49

Das Grauen von Verdun war den Menschen in den Zwischenkriegsjahren bekannt. Eigentlich hätte es schon damals als ewige Warnung jeden weiteren Krieg auf europäischem Boden unmöglich machen sollen. Besonders für die, die durch diese Hölle gegangen waren und sie lebend verlassen hatten, war klar: Nie wieder darf es zu einer solchen Menschheitskatastrophe kommen. Sie ahnten nicht, was nur kurze Zeit später geschehen sollte. Denn die Stimmen dieser Zeitzeugen, die erlebt hatten, wie Menschen ohne Zögern in den sicheren Tod geschickt worden waren – von Generälen, die Kilometer entfernt ihre Anweisungen in Fernmeldegeräte brüllten –, wurden nur wenige Jahre später von den Lautsprechern der Propagandamaschine Hitlers vollkommen übertönt.

Krieg im Dreiländereck

Mein Großvater war nicht das einzige Mitglied meiner Familie, das unter dem Krieg gelitten hatte. Meine ganze Region, das sogenannte Dreiländereck zwischen Aachen in Deutschland, Maastricht in den Niederlanden und Lüttich in Belgien, ist immer schon von schmerzhaften Kriegserfahrungen geprägt gewesen, denn kaum eine der großen Auseinandersetzungen ließ sie unberührt. Weil meine Vorfahren sowohl aus Deutschland als auch aus den Niederlanden und aus Belgien stammen, hatten sie im Ersten und Zweiten Weltkrieg in den unterschiedlichen Armeen teilweise gegeneinander gekämpft. Der Krieg im Dreiländereck brachte viele Geschichten hervor, die man in ihrer Dramatik so gar nicht entwerfen könnte.

Auch die Familie meines Freundes Jean-Claude Juncker, der als Luxemburger ja ebenfalls aus einem Dreiländereck stammt – nämlich dem Dreieck Deutschland, Luxemburg und Belgien –, hat ähnliche Erfahrungen gemacht. Diese geteilte Erfahrung ist wahrscheinlich der Grund, warum wir unabhängig von unseren unterschiedlichen politischen Auffassungen eine so tiefe Freundschaft entwickelt haben. Ein Deutscher und der luxemburgische Sohn eines Mannes, der durch uns Deutsche so viel unbeschreibliches Leid erfahren musste.

Jean-Claude Junckers Vater Jos war ein junger Mann, als die Wehrmacht am 10. Mai 1940 in Luxemburg einfiel. Frankreich sollte im Sturm erobert werden, die Maginot-Linie an ihrer schwächsten Stelle bei Sedan durchbrochen werden. Das kleine, unbewaffnete und neutrale Luxemburg fiel quasi widerstandslos. Innerhalb eines Tages war das ganze Land besetzt. Für die Luxemburger kam es aber noch schlimmer. Die Nazis sahen in ihnen kein bloßes unterworfenes Volk, sondern einen Stamm des germanischen Volkes, den es in das Deutsche Reich zu integrieren galt. Die «Germanisierung» Luxemburgs begann umgehend. Das Großherzogtum sollte von allen «nichtdeutschen» Einflüssen gereinigt werden. Jeder Widerstand wurde hart bekämpft, Gegner im Extremfall in ein Konzentrationslager deportiert. Die Männer der Jahrgänge 1920 bis 1927, zu denen Jos Juncker gehörte, wurden für den Wehrdienst in der Wehrmacht zwangsrekrutiert. Die Opfer der Besatzung wurden gezwungen, sich an den Aggressionen des Besatzers zu beteiligen.

Eine größere Demütigung und Unterdrückung der Selbstbestimmung kann es wohl kaum geben. Jos Juncker musste für das Land, das seine Heimat besetzt hatte, in den Krieg ziehen. Er musste an die Front in Russland, wo er schließlich schwer verwundet wurde. Andere Mitglieder der Familie wurden in Konzentrationslager deportiert. Die Narben dieser Zeit sind bis heute nicht verheilt.

Die europäische Einigung als Bollwerk gegen die Rückkehr der Dämonen

Jos Juncker hätte allen Grund gehabt, uns Deutsche zu verabscheuen für all die Gräuel und die Ungerechtigkeit, die wir über sein Land, seine Familie und ihn selbst gebracht hatten. Er wählte einen anderen Weg: Er war einer der Menschen, die für Europa und für die Integration der Deutschen in die Staatengemeinschaft eintraten, obwohl sie so Schreckliches erlebt hatten – oder vielleicht gerade deshalb. Sie ahnten, dass die Zukunft nur auf Vergebung gebaut werden kann. In dieser Philosophie erzog er auch seinen Sohn Jean-Claude. Dieser Generation von Europäern, die Jos Juncker verkörpert, verdanken wir unseren Frieden.

Was Anfang der 1950er Jahre geschah, war ein bisher ungekannter Akt der Versöhnung. Nur sechs Jahre nach Ende des Zweiten Weltkrieges. Sechs Jahre, die wohl kaum gereicht haben können, um all das Leid, das wir Deutschen unseren europäischen Nachbarn zugefügt haben, zu verarbeiten oder gar zu vergessen. Sechs Jahre nachdem Menschen verschleppt, ermordet, gefoltert, jüdische Gemeinden ausgerottet und Länder zerstört worden waren. Nur sechs Jahre danach waren unsere Nachbarn mit dem Schuman-Plan bereit, uns die Hand der Freundschaft zu reichen. Weil sie davon überzeugt waren: Nur wenn die Demokratie in Deutschland stark ist, kann Frieden in Europa dauerhaft gesichert werden.

Aus dieser Geste ist seitdem etwas entstanden, was ich als die größte zivilisatorische Errungenschaft des letzten Jahrhunderts ansehe: die europäische Einigung. Sie wurde gebaut von Staatsmännern wie Robert Schuman, Alcide De Gasperi, Paul-Henri Spaak, Konrad Adenauer, Jacques Delors, Willy Brandt, François Mitterrand, Helmut Kohl, Helmut Schmidt und Valéry Giscard d'Estaing. Von Politikern, die für das kämpften, woran sie glaubten, und die den Mut hatten, ihre eigene politische Zukunft dafür aufs Spiel zu setzen. Nicht Versailler Vertrag, sondern Schuman-Plan lautete die Kurzformel, die man als Lehre aus dem Zweiten Weltkrieg zog und mit der man die Fehler, die nach dem Ersten Weltkrieg begangen worden waren, vermied. Die europäische Integration erlaubte uns Deutschen, erhobenen Hauptes und in Würde wieder in die demokratische Völkerfamilie zurückzukehren. Diese europäische Einigung, die 1951 mit der Europäischen Gemeinschaft für Kohle und Stahl begann, ist das größte Geschenk, das die Bundesrepublik Deutschland in ihrer noch jungen Geschichte von ihren Nachbarn erhalten hat.

Denn mit der europäischen Einigung wurde endlich eine Struktur gefunden, die die Gräuel, die unser Kontinent im Ersten und Zweiten Weltkrieg erlebt hatte, dauerhaft unmöglich machen konnte. Die europäische Einigung ist die Antwort auf Verdun, ist die Antwort auf Auschwitz, auf Buchenwald und all die anderen Konzentrationslager; ist die Antwort auf alle Orte des Zivilisationsbruchs, die der Erste und der Zweite Weltkrieg hervorgebracht haben. Die Europäische Union war, ist und bleibt deshalb in erster Linie immer ein Einigungswerk für Frieden. Und wenn einige heute über die Brüsseler Bürokratie schimpfen, dann möchte ich manchmal sagen: Ist es nicht besser, dass sich unsere Länder heute in Brüssel mit Papier bekriegen als mit Waffen auf dem Schlachtfeld? Die längste Phase des Friedens auf dem europäischen Kontinent begann mit der Europäischen Gemeinschaft für Kohle und Stahl. Wir leben seit mehr als siebzig Jahren in Frieden. Und das in einer Welt, in der immer noch so viele Konflikte schwelen, die jedes Jahr Tausende, oft unschuldige, Menschenleben kosten.

Natürlich ist die Europäische Union auch heute nicht perfekt. Vielleicht können wir das auch nicht von ihr erwarten, denn sie ist in den letzten sechzig Jahren schrittweise gewachsen, hat sich stets weiterentwickelt und mehr Staaten aufgenommen. Die Europäische Union, wie wir sie heute kennen, existiert in dieser Form erst seit dem Vertrag von Lissabon vom Dezember 2009; ganz genau genommen erst seit dem 1. Juli 2013, an dem wir mit Kroatien unser 28. Mitglied aufgenommen haben. Denjenigen, die jedoch angesichts der Probleme, die die Europäische Union zweifelsohne hat, fordern, dass sie abgewickelt werden sollte, allen, die schreien: «Brexit, Frexit, Nexit», denen kann man nur zurufen: Die Europäische Union ist der Garant für Frieden, für Wohlstand und für Freiheit auf unserem Kontinent. Wer das in Frage stellt, der versündigt sich an der nächsten Generation. Mehr als das: Er riskiert eine Rückkehr der Dämonen, die wir durch diese einzigartige Kooperation der Völker verbannt haben. Dann droht eine Rückkehr zu den Zeiten, in denen Jos Juncker seine dunkelsten Tage erlebte, in denen Menschen in den Gräben Verduns ihre Menschlichkeit verloren, in denen von deutschem Boden die größte Menschheitskatastrophe der Geschichte ausging, die Schoah.

Das kann und darf aber nie wieder passieren. Anstatt zu fragen, wie wir die EU angesichts ihrer Probleme abschaffen können, sollte es doch heute eher heißen: Wie können wir die EU besser machen? Wie können wir erreichen, dass das, was sie tut, direkt bei den europäischen Bürgerinnen und Bürgern ankommt? Wie können wir erreichen, dass das, was sie für ihre Bürger tut, auch sichtbar ist?

Ich bin dafür, dass wir die EU vom Kopf auf die Füße stellen. Wir sollten uns nichts weniger vornehmen, als Europa neu zu gründen. Es ist doch ganz klar: Ein Europa, das darüber entscheiden will, ob in Italien das Olivenöl in einfachen Glasflaschen auf den Restauranttischen stehen darf oder nicht, das ist nicht das Europa, für das sich Menschen begeistern können. Im Gegenteil, und ich kann das verstehen. Ich würde als Restaurantbesitzer auch selbst entscheiden wollen, in welche Flasche ich mein Olivenöl fülle. Die EU muss sich aus dem Klein-Klein, das die Leute nervt, heraushalten und sich dafür auf die großen Aufgaben konzentrieren: auf den Kampf gegen Steuerflucht und Steuerdumping und gegen den Klimawandel, die Bewältigung der Fluchtursachen in Afrika und im Nahen und Mittleren Osten, auf die Unterstützung beim digitalen Wandel, der unsere Gesellschaften mit großer Wucht erfasst, und auf die Sicherung des internationalen Friedens. Wenn die USA das Pariser Abkommen zum Klimaschutz in Frage stellen, dann können wir nur als europäische Einheit ein Gegengewicht bilden. Wenn Nachbarstaaten sich in Niedrigsteuern unterbieten und somit die Stabilität der Gesellschaft aushebeln, dann brauchen wir europäische Regeln für alle. Und wenn in Syrien Bomben fallen und sich die Großmächte dieser Erde dort einmischen, dann können wir nur eine starke Rolle spielen, wenn alle EU-Mitgliedsstaaten zusammenhalten.

Europas internationale Verantwortung

Wir sollten nicht drum herumreden: Europa muss international mehr Verantwortung übernehmen, und dies nicht im Sinne eines Weltpolizisten, sondern im wohlverstandenen Eigeninteresse und um unsere Werte zu verteidigen. Schon unter Barack Obama haben sich die USA mehr und mehr in den pazifischen Raum hinein orientiert. Donald Trump hat mit der Parole «America first» die Devise für die Konzentration der USA auf sich selbst ausgegeben, wenngleich Anzeichen zu sehen sind, dass er diese Position nicht durchhalten wird. Wenn wir aber Menschenrechte, Umweltschutz, Abrüstung und friedliche Konfliktbewältigung ernst meinen, dann müssen wir unser europäisches Gewicht in die Waagschale werfen und dürfen nicht allein als einzelne Nationen agieren.

Aus der europäischen Geschichte ergibt sich eigentlich automatisch, welchen Beitrag Europa zu einer sicheren und stabilen Welt leisten kann und muss: Denn es war die Kooperation unter ehemals verfeindeten Staaten, angefangen bei der wirtschaftlichen Zusammenarbeit, die über Jahrzehnte den Frieden ermöglicht hat. Deshalb bin ich davon überzeugt, dass klug verhandelte Handelsabkommen einen wichtigen Beitrag leisten können, um Globalisierung politisch zu gestalten und so Stabilität und Wohlstand zu sichern. Es wäre überdies eine gute Möglichkeit, um Kinderarbeit wirksam zu verbieten, um globalen Datenschutz auf die Tagesordnung zu setzen und Umweltstandards zu verankern.

Dabei gilt es, in unserer Nachbarschaft auf enge Kooperation zu achten, egal, wie schwierig das im Einzelfall sein mag. Natürlich müssen wir Russland hart dafür kritisieren, wie dort mit Journalisten umgegangen wird und dass es zu einer gewaltsamen Veränderung von Grenzen auf der Krim gekommen ist – ein glasklarer Bruch des Völkerrechts, den wir nicht hinnehmen können. Und völlig klar ist doch genauso, dass wir es dem türkischen Präsidenten Erdogan nicht durchgehen lassen können, wenn er die Demokratie in seinem Land abschafft und Oppositionelle und Journalisten willkürlich einsperrt. Ich bin als jemand bekannt, der Klartext redet, und ich bin überzeugt davon, dass internationale Diplomatie nicht bedeutet, dass man nur schweigend auf seine Fußspitzen blicken muss. Sigmar Gabriel und vor ihm Frank-Walter Steinmeier haben als deutsche Außenminister gezeigt, dass kluge Diplomatie und beharrliches Festhalten an den eigenen Positionen kein Widerspruch sein müssen. Und Bundeskanzler Gerhard Schröder hat dem amerikanischen Präsidenten George W. Bush unmissverständlich deutlich gemacht, dass Deutschland sich an einem völkerrechtswidrigen Krieg nicht beteiligen wird. Mit unserer Analyse über den Irakkrieg und seine Folgen haben wir recht behalten und damit all jene Lügen gestraft, die sich damals für diesen Krieg ausgesprochen haben – in Deutschland und international.

Ein wichtiges Instrument, unsere Interessen international zu verteidigen, bleibt die Kooperation zwischen den Staaten. Trotz aller Defizite und trotz allen Reformbedarfs ist es natürlich ein Segen, dass wir die Vereinten Nationen, dass wir die OSZE und das transatlantische Verteidigungsbündnis Nato haben. Innerhalb dieser internationalen Organisationen können mögliche Konflikte präventiv angegangen und dadurch oft vermieden werden. Das internationale Völkerrecht bietet dafür einen zu schwachen, aber immerhin existierenden Rahmen, in dem wir uns rechtlich bewegen können. Das ist im Vergleich zu früheren Zeiten ein Riesenfortschritt. Deshalb müssen wir die Instrumente nutzen, über die wir verfügen: die gemeinsamen Gremien mit Russland, damit der Frieden auf unserem Kontinent sicher bleibt und wir vom gegenseitigen Handel profitieren. Die Kooperation mit Nordafrika und dem Nahen Osten, der ein Pulverfass in unserer Nachbarschaft ist. Und natürlich, trotz aller Schwierigkeiten mit dem amtierenden amerikanischen Präsidenten, die transatlantische Partnerschaft und Freundschaft, die in der Vergangenheit der Garant für ein freies Europa war.

Ich bin davon überzeugt, dass wir bei einer möglichen nächsten Reform der EU über die Stärkung der außenpolitischen Kooperation sprechen müssen. Warum bündelt Europa eigentlich nicht seine Anstrengungen bei der Entwicklungszusammenarbeit, um so mit einem Schlag der wichtigste Partner für viele Regionen in Afrika und Asien zu werden? Warum unternehmen wir nicht mehr Anstrengungen, um unsere nationalen Armeen zu verweben, obwohl wir damit erhebliche Summen einsparen könnten? Und warum drängen wir bei den Verhandlungen um internationale Handelsverträge nicht noch viel mehr darauf, dass Sozial- und Umweltstandards Teil dieser Verträge werden und dass die Einhaltung dieser Standards die Grundbedingung für unsere Handelskooperation ist? Es wird sicher zukünftig mehr Verantwortung auf uns zukommen. Gerade deshalb ist es so wichtig, dass wir den europäischen Laden zusammenhalten und ihm auch die notwendigen Instrumente geben, damit die EU ihre Aufgaben erfüllen kann.

Wie Europa uns spürbar ein besseres Leben brachte

Europa muss sich auf die Aufgaben konzentrieren, die wir nur gemeinsam im Staatenverbund lösen können und die das Leben der Menschen direkt besser machen;

die Fragen, bei denen die EU klar einen Mehrwert hat. Und wenn wir bei der Beantwortung dieser großen Fragen erfolgreich sind, dann hat dies auch unmittelbar einen positiven Effekt auf das Leben der Menschen. Wenn es uns gelingt, den Erfolg der EU wieder spürbar zu machen, dann ist mir auch um ihre Zukunft nicht bange.

In den Gründungsjahren des europäischen Einheitswerkes konnten zum Beispiel die Menschen im Aachener Raum sehr gut erfahren, in welcher Weise die europäische Integration unser Leben spürbar besser machte. Als ich im Nachkriegsdeutschland aufwuchs, war diese Grenzregion immer noch eine Region der physischen Grenzen. Manche Straßen waren in der Mitte getrennt. Eine Seite gehörte zu Deutschland, die andere Seite zu den Niederlanden. Kinder spielten mit dem Ball über Zäune hinweg mit den Kindern aus dem Nachbarland. Der Ball konnte über diese Grenze fliegen, die Menschen brauchten einen Pass. Für uns als Familie, deren Mitglieder auf den verschiedenen Seiten der Grenze lebten, war diese Situation manchmal schwierig. Wenn wir meine Verwandten besuchen gingen, dann wurden wir mindestens vier Mal kontrolliert. Erst von den deutschen Beamten bei der Ausreise, dann von den belgischen oder niederländischen Beamten bei der Einreise. Auf dem Rückweg dann dasselbe Spiel, nur in anderer Richtung. Natürlich bildeten sich damals vor allem am Wochenende immer Staus an den Grenzübergängen, die mit teilweise langer Wartezeit verbunden waren. Bei diesen Reisen über wenige Kilometer verbrachte man sehr viel Zeit mit Kontrollen. Wer das einmal mitgemacht hat, der merkt sehr schnell, wie solch simple Vorgänge Men-

schen auseinanderbringen können. Denn natürlich über-
legt man es sich zweimal, ob ein Besuch wirklich nötig ist.
Spätestens seit dem Jahr 1993, der Öffnung der Grenzen und der Schaffung des europäischen Binnenmarktes
mit seinen vier Freiheiten – der Freizügigkeit von Kapital, Gütern, Dienstleistungen und Personen – hat sich
das alles radikal geändert. Die «Euregio», wie meine Heimatregion nun genannt wird, ist wahrhaftig grenzenlos
international geworden. Wenn ich bei mir zu Hause in
Würselen zu einer Fahrradtour aufbreche, dann kann es
sein, dass ich plötzlich in den Niederlanden bin. Beim
nächsten Halt merke ich vielleicht, dass ich meine
Pommes nicht mehr in den Niederlanden, sondern schon
in Belgien bestelle. Bezahlen kann ich bequem überall in
Euro. Wir Menschen in der Aachener Region sind deshalb von dieser besonderen «Grenzerfahrung» geprägt.
Man wird hier sozusagen zum «Instinkteuropäer», weil
man am eigenen Leib spüren kann, wie großartig die europäische Integration ist und wie sie unser lokales Leben
innerhalb kürzester Zeit besser gemacht hat, wie sie die
Wirtschaft angekurbelt und Freundschaften ermöglicht
hat, die sonst nie entstanden wären.

Kein deutsches Europa,
sondern ein europäisches Deutschland

Aus unserer Geschichte erwächst eine Verantwortung
für die Gegenwart. Wir Deutschen haben uns dieser
Verantwortung im Jahr 1992 durch die Einführung des

Artikels 23 in unserem Grundgesetz mit folgenden Worten verpflichtet: «Zur Verwirklichung eines vereinten Europas wirkt die Bundesrepublik Deutschland bei der Entwicklung der Europäischen Union mit.»

Der Wert dieser Worte ist unermesslich. Denn sie zu achten, ist der Friedensauftrag, den unser Land nun im Herzen trägt. Sie bedeuten, dass ein vereintes Europa für Deutschland Staatsraison ist und dass ein funktionierendes Europa im vitalen Interesse von Deutschland ist. Wer also versucht, Europapolitik gegen deutsche Politik zu stellen, so zu tun, als müsste man deutsche Interessen gegen «die da» in Brüssel verteidigen, der handelt nicht im Interesse unseres Landes und sogar gegen unsere Verfassung.

Helmut Schmidt hat es einmal folgendermaßen erzählt: Immer gab es Momente in der Geschichte Europas, in denen Deutschland (beziehungsweise die Region, die wir heute Deutschland nennen) stark und benachbarte Staaten schwächer waren. Wann immer Deutschland diese Momente ausgenutzt hat, um den anderen seinen Willen aufzudrängen, endete dies in größtmöglichen Katastrophen – vor allem für Deutschland selbst. Wann immer Deutschland sich entschieden hat, mit seiner Stärke auch die anderen stark zu machen, hat es zu Perioden großen Wohlstandes geführt.

Daraus folgt eine einfache Konsequenz: Wir dürfen nie wieder erlauben, dass der Versuch unternommen wird, Europa zu «germanisieren». Ich will ein starkes Deutschland in einem starken Europa. Ein europäisches Deutschland, und nie wieder ein deutsches Europa. Das ist unser Auftrag, der sich aus Verdun und Auschwitz ergibt. Das sind wir Menschen wie Jean-Claude Junckers Vater Jos schuldig. Das heißt jedoch nicht, dass wir in Europa passiv agieren sollen. Im Gegenteil. Denn unser europäisches Einigungswerk ist heute so bedroht wie nie zuvor. Von innen und von außen versuchen extreme Kräfte, die EU abzuwickeln, sie als Sündenbock darzustellen, um ihre eigene Agenda durchzusetzen. Diesen Kräften müssen wir deutlich widersprechen und zeigen, dass wir zu Europa stehen.

Auch müssen wir mit all unserer Energie dafür kämpfen, dass die EU stark und handlungsfähig wird. Und sie ist am stärksten, wenn die Werte, auf denen wir sie gebaut haben, mit Leben erfüllt sind. Artikel 2 des Vertrags über die EU, der diese Werte zusammenfasst, lautet: «Die Werte, auf die sich die Union gründet, sind die Achtung der Menschenwürde, Freiheit, Demokratie, Gleichheit, Rechtsstaatlichkeit und die Wahrung der Menschenrechte einschließlich der Rechte der Personen, die Minderheiten angehören. Diese Werte sind allen Mitgliedsstaaten in einer Gesellschaft gemeinsam, die sich durch Pluralismus, Nichtdiskriminierung, Toleranz, Gerechtigkeit, Solidarität und die Gleichheit von Frauen und Männern auszeichnet.» Nur eine EU, in der diese Werte respektiert werden, ist eine starke EU. Nur eine solche EU steht für mein Europa.

KAPITEL 4

Nur eine gerechte Gesellschaft
ist innovativ und stabil

Eine neue europäische Geschichte

D as europäische Einigungswerk ist in erster Linie ein Friedenswerk. Deshalb wurde die Europäische Union gegründet, und deshalb hat sie – meiner Meinung nach völlig zu Recht – im Jahr 2012 den Friedensnobelpreis erhalten. Doch die Europäische Union, die Frieden bewahrt, kommt im Alltagsbewusstsein der Europäer leider nicht vor. Das ist vielleicht ihr größtes Dilemma: Ihre bedeutendste Errungenschaft, nämlich, dass sie seit mehr als siebzig Jahren Krieg unter ihren Mitgliedsstaaten unmöglich gemacht hat, ist in Wirklichkeit unsichtbar. Hand aufs Herz, wer von uns steht schon morgens auf und denkt: «Heute ist kein Krieg. Danke, EU. Danke für den Frieden.» Ich tue das zumindest nicht, auch wenn ich mir dessen eigentlich bewusst bin und mehr als zweiundzwanzig Jahre meines Lebens im Europäischen Parlament für dieses Einigungswerk gekämpft habe.

Dass in Europa Frieden herrscht, ist für uns zur Selbstverständlichkeit geworden. Viel mehr noch für die Generationen, die sich immer weiter von den Grauen des Zweiten Weltkriegs entfernen. Schon jetzt gibt es keine Zeitzeugen des Ersten Weltkriegs mehr. In einigen Jahren wird dies auch für den Zweiten Weltkrieg der Fall sein. Danach wird die Generation gehen, die noch unter den Folgen des Krieges aufgewachsen ist – meine Generation. Die Gründungserzählung der EU wird also nach und nach an Kraft verlieren. Es wird eine ganz besondere Verantwortung unserer Lehreinrichtungen und unserer Erinnerungskultur im Allgemeinen sein, das Gedenken an diese Verbrechen und diese Zeit wachzuhalten.

Es geht aber nicht nur um das Erinnern. Es geht auch darum, eine neue Geschichte für Europa zu schreiben. Wo einmal die klare Abgrenzung zum Krieg stand, wo einmal das «Nie wieder!» für jeden, der den Krieg erlebt hatte, den Imperativ bildete, eine Wiederholung zu verhindern: An diese Stelle muss eine neue Geschichte für die treten, die den Krieg eben nicht kennen. Denn wir sehen leider schon heute, was passiert, wenn wir vergessen, diese neue Begründung für Europa zu entwerfen: Es ist möglich geworden, Europa in seiner Sinnhaftigkeit und Legitimation zu hinterfragen. Wo es schlecht läuft in den Staaten, da wird Europa als Sündenbock aufgebaut. Wo zum Beispiel die Jugendarbeitslosigkeit seit Jahren hoch ist, da kommt irgendwann die Frage auf: Wie kriegen wir das in den Griff? Und wenn alle nationalen politischen Optionen ausgereizt sind, dann bleibt manchmal als letzte Option nur der Schrei nach einem Austritt aus der EU. Um irgendetwas zu verändern. Weil alles andere schon nicht funktioniert hat.

Hier wird klar, wie eng verzahnt nationale und europäische Politik heute sind. Deshalb sage ich es ja so oft: Europapolitik ist deutsche Innenpolitik, und deutsche

Innenpolitik wirkt in Europa. Europa ist Teil der Lösung, nicht Teil des Problems. Für mich ist aber auch klar: Die Akzeptanz, die es für dieses Europa in Zukunft geben wird, hängt stark davon ab, wie es in den europäischen Nationalstaaten zugeht. Dabei wird das Thema Gerechtigkeit eine übergeordnete Rolle spielen.

Nur Reiche können sich einen armen Staat leisten

Denn ich bin davon überzeugt: Nur eine gerechte Gesellschaft ist eine stabile Gesellschaft. Es geht nicht darum, dass alles gleich werden soll, oder um utopische Phantasien, die uns – wie immer vor wichtigen Wahlen – von konservativer Seite unterstellt werden. Gerechtigkeit bedeutet für mich nicht, dass alle gleich sein sollen. Die Menschen sind nicht gleich. Ich bin sicher, Sie als Leserin oder Leser dieses Buches und ich, wir unterscheiden uns ganz fundamental. Vielleicht haben wir auch einiges gemeinsam, doch sind wir gewiss nicht gleich. Was wir aber sicherlich beide unterschreiben würden, ist die Forderung danach, dass alle die gleichen Chancen haben müssen.

Dass zum Beispiel unsere Kinder die gleichen Chancen auf eine gute Bildung und Ausbildung haben müssen, egal, wo wir wohnen, und egal, was wir verdienen. Dass sie dann, wenn sie das Gleiche geleistet haben, auch den gleichen Lohn bekommen und die gleichen Chancen auf eine Anstellung haben – unabhängig davon, wie sie heißen, aus welcher Familie sie kommen oder in welchem Fahrzeug sie beim Vorstellungsgespräch vorfahren.

Hier gibt es heute noch einiges zu verbessern. Es gibt sie eben, die Fälle von Ungerechtigkeit, die vielen Menschen auch in Deutschland jeden Tag widerfahren. Ich habe viele dieser Geschichten auf meinen Reisen gehört. Manche haben mir vorgeworfen, Deutschland schlechtzureden, wenn ich dann davon erzählt habe. Diesen Einwand fand ich respektlos, und zwar denjenigen gegenüber, die mir ihre Geschichten anvertraut haben. Das sind keine Menschen, die sich in den Mittelpunkt spielen wollen, sondern ehrliche und hart arbeitende Bürgerinnen und Bürger, die einfach in einer Klemme stecken, aus der sie selbst nicht herausfinden können. Diesen Menschen Gehör zu schenken, ist eine Frage des Respekts und des Anstands. Und zu versuchen, ihre Probleme zu lösen, das sollte doch der Kern von Politik sein.

Mehr als nur eine kleine Korrektur brauchen wir nun endlich beim Thema gleicher Lohn für Männer und Frauen. Ich bin Vater einer Tochter und eines Sohnes, und mir fällt es immer noch sehr schwer zu verstehen, dass meine Tochter, sollte sie bei gleicher Qualifizierung denselben Job machen wollen, den mein Sohn ausübt, weniger verdienen würde. Wir leben in einer modernen Gesellschaft im frühen 21. Jahrhundert. Warum müssen wir uns überhaupt noch mit der Frage beschäftigen, dass Frauen systematisch weniger verdienen als Männer? Sollte es nicht selbstverständlich sein, dass dies nicht so ist? Frauen und Männer leisten nämlich den gleichen Beitrag zum Erfolg unseres Landes. Sie gleich gut zu bezahlen, ist eine Frage des Respekts vor ihrer Leistung.

Eine ähnliche Frage des Respekts ist, dass der Wohlstand, der in unserem Land erwirtschaftet wird, auch allen zugutekommt. Das fängt bei den Löhnen an. Seit 1991 sind in Deutschland vor allem die Einkommen im obersten Zehntel der Einkommensverteilung angestiegen. Bei den mittleren Einkommen hat es noch leichte Verbesserungen gegeben. Die unteren vierzig Prozent haben bei den Bruttostundenlöhnen real weniger Einkommen als in den 1990er Jahren. Der Armuts- und Reichtumsbericht, den die Bundesregierung in diesem Jahr vorgelegt hat, ist bei der Frage der ungleichen Reichtums-, Vermögens- und Chancenverteilung aufschlussreich – und er enthält teilweise dramatische Befunde, die uns zum Handeln auffordern. Ein erstes gutes Instrument in dieser Richtung war die Einführung des Mindestlohns, von dem Millionen Menschen profitiert haben. Wir müssen aber noch genauer prüfen, ob wir nicht weitere Maßnahmen ergreifen können, um nicht nur eine Absicherung gegen eine Abwärtsentwicklung zu garantieren, sondern auch zu erreichen, dass wirklich alle am wirtschaftlichen Erfolg Deutschlands teilhaben und Aufstieg unabhängig von der Herkunft möglich bleibt.

Jeder, der hier arbeitet und unser Land voranbringt, soll davon profitieren. Zusammen haben wir ein starkes Deutschland aufgebaut: Wir sind die viertgrößte Volkswirtschaft der Welt. «Made in Germany» steht weltweit für beste Qualität. Wir haben ein duales Ausbildungssystem, das vielen Ländern der Welt als Vorbild gilt. Wir haben mit der Energiewende einen mutigen Schritt in die Zukunft getan. Jeder, der in diesem Land lebt, muss etwas von diesem Schwung spüren. Das ist nicht nur eine Frage der Gerechtigkeit, sondern auch der Nachhaltigkeit unseres Erfolgs. Denn wenn wir es schon in erfolgreichen Zeiten nicht schaffen, alle mitzunehmen, dann wird dies in schlechten Zeiten umso schwieriger. Deshalb müssen zwei Dinge in Zeiten des Erfolgs gelten. Erstens: Alle müssen am Erfolg teilhaben. Zweitens: Wir müssen in guten Zeiten die Bedingungen dafür schaffen, dass diese guten Zeiten auch fortbestehen und wir im Ernstfall für schlechte Zeiten vorbereitet sind. Deshalb will ich, dass wir in die Zukunft investieren. Willy Brandt hat einmal gesagt: «Wer morgen sicher leben will, muss heute für Reformen kämpfen.» Dies gilt heute noch so wie damals. Und ich möchte daran anschließen: Wer morgen sicher leben will, muss heute für Investitionen sorgen. Denn wenn unsere Brücken bröckeln, wenn unsere Straßen aufreißen oder wenn wir den Ausbau wichtiger Gigabit-Netze zu lange aufschieben, wird der Wirtschaftsstandort Deutschland an Attraktivität verlieren. Das wird dann zwar nicht mehr das Problem der aktuellen Regierung sein, vielleicht auch nicht der nächsten, aber spätestens die Generation unserer Kinder wird darunter leiden.

Es ist ein Grundprinzip einer sozialen Marktwirtschaft, dass wir Steuern zahlen, um gemeinsam solche Zukunftsinvestitionen, von denen wir alle profitieren, finanzieren zu können. Dafür leistet der Büroangestellte genauso seinen Beitrag wie die Mechanikerin oder der kleine Laden an der Ecke. Es geht hier auch nicht nur um Straßen und Brücken. Es geht um alle öffentlichen Güter, die für das gute Funktionieren unseres Staates vonnöten sind: Schulen, Kitas, Parkplätze, Krankenhäuser, Parks, öffentliche Verkehrsmittel, Arbeitsämter, Sozialämter, Sportstätten, Jugendzentren, Theater, Gerichte, die Polizei. Es sind Einrichtungen oder Güter, die Bedingung dafür sind, dass man hier bei uns gut leben kann, dass Rechtssicherheit herrscht und die Dinge in geordneten Bahnen verlaufen. Sie sind auch Bedingung dafür, dass man sich eine Existenz aufbauen kann. Denn egal, wie erfolgreich man ist, irgendwann hat jeder einmal von diesen Einrichtungen profitiert. Sei es der geniale Wissenschaftler, der vom Kindergarten bis zur Universität gefördert wurde. Sei es der Profisportler, der erst auf dem lokalen Sportgelände, später an Bundesstützpunkten trainieren konnte. Oder sei es die Unternehmerin, die in einem rechtssicheren Raum investieren kann und über ein freies und stabiles Internet und eine sichere Energieversorgung verfügt.

Ein handlungsfähiger Staat, der die nötigen Investitionen in unser Gemeinwesen tätigt, ist von essenzieller Bedeutung für unser Land. In den letzten Jahren hat aber die Ideologie «privat statt Staat» oder «schlanker Staat», die die britische Premierministerin Margaret Thatcher und der US-amerikanische Präsident Ronald Reagan in den 1980er Jahren zum politischen Mainstream machten, zu einem Abbau der Gemeinschaftsinstitutionen und zu einer ausufernden Privatisierung geführt. Vertreter dieser Schule folgen dem Prinzip: «Wenn jeder für sich selbst sorgt, ist am Ende für alle gesorgt.»

Spätestens mit der globalen Finanzkrise im Jahr 2008 ist jedoch deutlich geworden, dass dieses Denken nicht zum Erfolg der Gesellschaft als ganzer führt, sondern nur eine Minderheit von diesem System in teilweise obszönen Dimensionen profitiert. Wenige hatten sich jahrelang auf Kosten der anderen bereichern können und durch ihre Gier sogar die Stabilität der globalen Finanzmärkte ausgehöhlt. Hier wurde von einigen an der Spitze mit System spekuliert, um Milliarden an Rendite und Millionen an Bonuszahlungen abzugreifen. Nur mit Mühe und durch die klare Haltung unseres damaligen Finanzministers Peer Steinbrück ist es in Deutschland gelungen, die Ersparnisse von Millionen von deutschen Haushalten zu sichern. Seitdem bauen wir an Schutzwällen, die ein erneutes Zusammenbrechen der globalen Märkte verhindern sollen. Weil die internationalen Finanzmärkte aber nicht an Landesgrenzen haltmachen, müssen wir dies auf europäischer Ebene tun – und dann im globalen Rahmen. Einen Teil der Struktur haben wir bereits geschaffen, nämlich eine europäische Bankenaufsicht und einen europäischen Mechanismus für Bankenabwicklung. Weitere Schritte sind unbedingt notwendig und zum Teil hochumstritten. In einem sind sich jedoch alle einig: Ohne eine strengere Regulierung seitens des Staates ist die Stabilität des Bankensektors gefährdet.

Aber es geht nicht nur um die Regulierung von Banken. Es geht um alle Lebensbereiche. Die «Privat statt Staat»-Logik hat in den vergangenen Jahrzehnten Schritt für Schritt zu einem Abbau unserer Sicherheitsorgane geführt. Bei der Polizei von Bund und Ländern fehlen Tausende Vollzeitstellen, und deshalb ist es gut, dass mehr und mehr ein Umdenken eingesetzt hat. Die Beamten sind unter Druck, und es wird immer schwieriger, für Sicherheit auf unseren Straßen zu sorgen. Im blinden Eifern nach mehr Effizienz wird auch an manchen staatlichen Leistungen gespart und darauf verwiesen, dass man sich diese doch selbst kaufen könne. Das ist richtig für die reichen Mitglieder unserer Gesellschaft, gilt aber nicht für die am unteren Ende der Einkommensverteilung und auch schon nicht mehr für die Mittelschicht. Nur wirklich Reiche können sich einen armen Staat leisten. Die Mehrheit in diesem Land sind aber Normalverdiener, und die leiden erheblich, wenn staatliche Leistungen wegfallen oder Gebühren erhöht werden. Deshalb brauchen wir wieder einen handlungsfähigen Staat, einen Staat, der die Leistungen erbringt, die die Menschen für ein gutes Leben brauchen und die wir als Gesellschaft brauchen, um jedem die gleiche Chance zu geben, hier erfolgreich zu sein.

Um diesen Staat zu finanzieren, muss jeder dazu beitragen. Die Arbeitnehmerinnen und Arbeitnehmer, die Mittelständler und Kleinunternehmer tun dies schon heute. Für sie ist es selbstverständlich, Steuern in dem Land zu zahlen, in dem sie ihre Arbeit verrichten. Dem Land, das dafür sorgt, dass sie am Arbeitsplatz versichert sind, das den Nachwuchs in guten Schulen ausbildet oder das Gewerbegebiete zur Verfügung stellt. Ich finde es deshalb inakzeptabel, dass einige globale Konzerne sich dieser Pflicht durch Steuertricksereien zu verweigern versuchen. Das sind meist Unternehmen, die Milliardengewinne erzielen. Die gleichzeitig von all den guten Standortfaktoren profitieren, die Deutschland bietet. Die aber nicht dafür bezahlen wollen. Das müssen wir ändern.

Mehr Gerechtigkeit wagen!

Die gesellschaftliche und wirtschaftliche Stabilität, die wir heute in Deutschland kennen, ist nicht selbstverständlich. Für den Moment stehen wir sehr gut da. Trotzdem gibt es sie, diese Beispiele von Ungerechtigkeit in unserem Land. Bei jeder Station, die ich bei meinen Reisen mache, nehme ich eine weitere Geschichte mit in mein Gepäck.

Was mir das zeigt? Dass es nicht darum geht, alles anders zu machen, als es ist. Es geht aber darum, vieles besser zu machen. Das habe ich mir nach den Gesprächen mit vielen, vielen Menschen vorgenommen. Denn die Beseitigung dieser Ungerechtigkeiten – sei es bei der Lohnungleichheit zwischen Männern und Frauen, sei es bei der unterschiedlichen Lohnentwicklung von Gering- und Spitzenverdienern, sei es bei kleinen Berechnungsmatrizen in der Arbeitsagentur, die aber für den Einzelnen die Welt bedeuten können, sei es bei der Regulierung von Banken oder der Bekämpfung von Steuerflucht – ist wichtig für die Gesundheit unserer Gesellschaft.

Wenn es in einer Gesellschaft nicht gerecht zugeht, dann verlieren die Menschen das Vertrauen in das Gemeinwesen. Dasselbe gilt, wenn bei den Gemeinschaftsgütern, wie der Polizei, den Schulen oder der Infrastruktur, nicht die notwendigen Mittel zur Verfügung gestellt werden, um diese zu erhalten. Sicherheit, faire Bildungschancen und eine funktionierende Infrastruktur sind wichtige Fragen. Es sind Gerechtigkeitsfragen. Und wir brauchen mehr Gerechtigkeit, sie ist eine grundlegende

Bedingung für eine freie und fortschrittliche Gesellschaft. Außerdem zeigen alle internationalen Studien: Gerechte Gesellschaften sind innovative und kreative Gesellschaften. Gerechtigkeit und Innovation sind also zwei Seiten einer Medaille.

Überdies: Nur eine gerechte Gesellschaft ist stabil. Nach innen und nach außen. Nur in solch einem sicheren Umfeld kann jeder Mensch wirklich frei sein und Innovation gedeihen. Auf der Suche nach einer neuen Geschichte für Europa sehe ich das Thema Gerechtigkeit in der Schlüsselrolle. Wir haben auf den Ruinen zweier schrecklicher Weltkriege eine der reichsten Regionen der Welt errichtet. Dies ist eine historische Leistung, für die wir vor allem unseren Vorfahren zu tiefem Dank und tiefer Anerkennung verpflichtet sind. Nun gilt es, dieses Erbe zu bewahren. Indem wir zu einer Region werden, die sich durch gleiche Chancen für alle auszeichnet. Der vielzitierte Satz «Das Ziel der Globalisierung muss Gerechtigkeit für alle und nicht Reichtum für wenige sein» hat bis heute nichts von seiner Prägnanz verloren. Europa muss zu einem Kontinent der unbegrenzten Möglichkeiten für alle werden. In Deutschland wollen wir damit anfangen. Wir müssen mehr Gerechtigkeit wagen.

KAPITEL 5

Gute Arbeit ist eine Frage
der Würde

Von der Bedeutung der Arbeit

Ich frage mich manchmal, ob ich dieselbe Person geworden wäre, die ich heute bin, wenn mich meine Eltern nicht Martin genannt, sondern mir einen anderen Namen gegeben hätten. Ich bin nämlich davon überzeugt, dass unser Name identitätsstiftend ist. Wir werden wahrscheinlich nach nichts häufiger gefragt als nach unserem Namen. Er ist ein elementarer Teil unserer selbst. Ein Teil, den wir uns übrigens nicht aussuchen können. Manche Menschen ändern sogar ihren Namen, oder sie sind ihr Leben lang unter Pseudonymen bekannt. Bei mir war das zum Glück nie nötig. Martin, das war der Name meines Großvaters mütterlicherseits, der nur zwei Tage nach meiner Geburt starb. Er muss ein beeindruckender Mann gewesen sein. Deshalb bin ich in gewisser Weise stolz, seinen Namen weitertragen zu dürfen.

Wenn die Frage nach unserem Namen die uns am häufigsten gestellte Frage ist, dann ist die Frage nach dem, was wir im Leben tun, wohl die zweithäufigste. Und bei diesem Gedanken habe ich festgestellt, dass die zweite Frage sehr viel mit der ersten zu tun hat. Ich würde behaupten, die Antwort auf die Frage nach unserer Arbeit, danach, wo wir nach dem Frühstück hingehen oder womit wir unser Geld verdienen, ist ebenso identitätsstiftend wie unser Name. Es macht nämlich einen Unterschied, ob ich antworte: «Ich bin Martin Schulz, der Schulabbrecher ohne Perspektive.» Ob ich sage: «Ich bin Martin Schulz, Auszubildender zum Buchhändler.» Ob ich sage: «Ich bin Martin Schulz, Eigentümer und Geschäftsführer einer kleinen Buchhandlung.» Ob ich sage: «Ich bin Martin Schulz, der Präsident des Europäischen Parlaments.» Oder ob ich sage: «Ich bin Martin Schulz, Vorsitzender der Sozialdemokratischen Partei Deutschlands und Kanzlerkandidat.» Das alles waren oder sind Stationen in meinem Leben. Anders als mein Name haben sich diese Stationen geändert und unterscheiden sich in meinem Falle teilweise stark voneinander. Aber sie alle bilden einen Teil meiner Persönlichkeit. Das wäre auch so, wenn mein Leben anders verlaufen wäre.

Das Schöne an unserer Arbeit ist, dass wir sie uns im besten Fall selbst aussuchen können. Zumindest sollte das so sein. Denn jeder sollte doch das machen, was am besten seinen oder ihren Talenten entspricht. Jeder sollte das tun, was ihm Freude macht. Das ist mit «Selbstverwirklichung» in der Arbeit gemeint. Zu ermöglichen, dass jeder diese Wahlfreiheit hat, ist deshalb schon ein enorm wichtiges Politikziel an sich.

Auf meiner Reise durch Deutschland ist mir die zentrale Rolle, die Arbeit für den Einzelnen oder die Einzelne hat, noch umso deutlicher geworden. Denn egal, wo ich war, ob in dem AWO-Pflegeheim in Moers, der

Fabrik für Einlegesohlen in Königs Wusterhausen, dem Ford-Werk oder den Start-ups in Köln, dem Fahrzeugausbesserungswerk der Deutschen Bahn in Neumünster oder auch bei der Freiwilligen Feuerwehr in Duisburg – ich habe oft die Erfahrung gemacht: Die Beschäftigten, die ich sah, waren eine echte Gemeinschaft, die teilweise fast schon einer Familie glich. Man konnte das spüren. Die Leute waren nicht nur «auf der Arbeit». Sie waren ein Stück weit auch zu Hause.

Ich weiß, dass dies nicht überall der Fall ist. Dass es Betriebe gibt, in denen das Klima schlecht ist. In denen es ständig Streit gibt und jeder froh ist, so schnell wie möglich abends wieder weg zu sein. Aber das Ideal sollte doch ein Arbeitsplatz sein, zu dem man gerne geht. An dem man unter den Kollegen Freunde findet. Ein Platz, an dem man das macht, was man gut kann. Ich habe viele solche Orte auf meiner Reise gesehen. Ich habe gesehen, wie Menschen ihre täglichen Herausforderungen gemeinsam bewältigt haben. Wie sie nach Feierabend noch zusammen etwas Neues ausprobiert haben und kreativ tätig waren. Das waren schöne Erfahrungen.

Unser Arbeitsplatz ist im wahrsten Sinne des Wortes ein Platz in unserem Leben. Er gibt Halt. Er gibt Orientierung. Ich kenne noch heute die Adressen meiner Arbeitsplätze so gut wie die meines Wohnhauses: Da gab es die Kaiserstraße 78, wo mein alter Buchladen immer noch steht. Den Morlaixplatz 1, wo sich das Rathaus befindet. Dann waren da für mehr als zweiundzwanzig Jahre die Rue Wiertz 60 in Brüssel und die 1 Avenue du Président Robert Schuman in Straßburg, die zwei Hauptsitze des Europäischen Parlaments. Und jetzt bin ich also in der

Wilhelmstraße 141, dort, wo das Willy-Brandt-Haus in Berlin steht. Ich denke, die meisten Menschen vergessen nie den Platz, an den sie über Jahre hinweg fünf Tage die Woche zurückgekehrt sind.

Auch für die Menschen, denen wir begegnen, ist es wichtig oder zumindest interessant zu erfahren, wo wir arbeiten. Für manche ist die Antwort auf die Frage nach unserer Arbeit sogar noch wichtiger als unser Name. Denn der Beruf ist ein Teil einer jeden Person. Und deshalb gebührt jedem Berufsbild uneingeschränkter Respekt, so wie jedem Menschen uneingeschränkter Respekt gebührt. Das ist eine simple Frage der Menschlichkeit. Es ist aber auch eine Frage der Würdigung der Lebensleistung jedes Menschen. Denn egal, ob sie beispielsweise in der Pflege oder Betreuung tätig sind, Busse fahren, für Sicherheit sorgen, Unternehmen führen oder als Handwerker Dinge in Ordnung bringen, jeden Tag am Band stehen, kreativ unterwegs sind oder Haare schneiden – all diese Menschen halten mit ihrer Arbeit unser Land am Laufen.

Respekt vor jedem Berufsbild heißt deshalb, dass man – egal, was man macht – vom Lohn der Arbeit in Würde leben können muss. Das ist eine Frage der Gerechtigkeit. Eine zweite Frage der Gerechtigkeit ist, dass es nicht sein kann, dass bestimmte Gruppen mit ihrem Gehalt gerade einmal über die Runden kommen, während andere deren Jahresgehalt in einer Woche verdienen. Klar, derjenige, der mehr Verantwortung trägt, soll auch besser bezahlt werden. Dieses Prinzip steht nicht zur Debatte und ist nachvollziehbar. Es ist aber die Frage der Proportion, die darüber entscheidet, ob solche Gehaltsunterschiede angemessen und gerecht oder geradezu obszön sind. Man kann sich das sehr schön mit einem Zollstock verdeutlichen, wie ich das vor kurzem noch in einer Bundestagsdebatte gesehen habe. Man nimmt einen Zollstock, klappt ihn auf zwei Meter aus. Dann vergleicht man die gesamte Länge mit seinem Daumen. So verhalten sich nicht selten Managergehälter zu einem deutschen Durchschnittsgehalt. In manchen DAX-Unternehmen ist es das Fünfzigfache, in anderen das Achtzigfache, und manchmal ist es mehr als hundertmal so viel. Ich denke, hier sind wir in Dimensionen vorgestoßen, die nicht mehr nachzuvollziehen sind. Da brauchen wir wieder mehr Maß und Mitte und mehr Gerechtigkeit. In einem ersten Schritt haben wir vorgeschlagen, die steuerliche Absetzbarkeit auf einen Höchstbetrag von 500000 Euro zu begrenzen. Denn der einfache Steuerzahler muss weiß Gott nicht auch noch die Millionengehälter einiger weniger subventionieren. Und müssen wir darüber hinaus nicht auch eine Debatte über die Frage führen, ob man Managergehälter nicht an die Löhne der Belegschaft koppeln kann, um wieder mehr Verhältnismäßigkeit zu schaffen? Es ist mir ganz wichtig, dass wir hier zusammen ein generelles Umdenken hinbekommen.

Im Grunde geht es um den Respekt für das, was die Menschen machen. Ich wünsche mir diesen Respekt überall im Land. Ich wünsche ihn mir aber vor allem bei uns in der Politik. Ich jedenfalls habe ihn. Vielleicht auch, weil ich mich selbst von ganz unten hochgearbeitet habe. Vielleicht weil ich aus einer Kleinstadt komme und dort noch viele Menschen kenne. Vielleicht aber auch, weil es für mich ein ganz einfaches Prinzip ist, über das ich nicht lange nachdenken muss.

Über die Bedeutung von Respekt und Würde im Arbeitsleben

Worüber ich mir aber Gedanken mache, ist, wie wir in der Politik diesen Respekt umsetzen können. Denn wenn wir die Würde eines jeden Berufsbildes respektieren, dann müssen wir auch dafür sorgen, dass diese Würde in der Praxis respektiert wird. Ich denke hier an ganz konkrete Beispiele.

Im Februar habe ich ein AWO-Pflegeheim in Moers besucht und dort Zeit auf der Demenzstation verbracht. Das war ein wirklich aufwühlender und emotionaler Besuch für meine Kollegen und mich. Ich habe dort Menschen gesehen, die alleine nicht mehr leben können. Es einfach nicht mehr schaffen. Und man kann sich sehr leicht vorstellen, wie man selbst in so einer Situation sein kann. Oder jemand, den man gut kennt oder der einem nahesteht. Man fühlt und begreift schnell, wie furchtbar wichtig es ist, dass jemand da ist, der hilft. Der sich sorgt und die Unterstützung leistet, die man benötigt, um sich in einer solchen Lage noch als Mensch fühlen zu können. Ich habe das gesehen auf dieser Station. Wie sich die Pflegerinnen und Pfleger hingebungsvoll um ihre Patienten kümmerten, als seien es die eigenen Verwandten. Es war unglaublich eindrucksvoll, dies zu beobachten, und es hat mich tief berührt.

Am Ende unseres Besuchs hatte ich die Gelegenheit, mit dem Pflegepersonal zu sprechen. Mir war es wichtig zu erfahren, wie der Alltag in diesem Pflegeheim aussieht und was das Personal dort für Erfahrungen macht. Denn es wird von Bedeutung sein für die Zukunft unseres älter werdenden Landes, dass dieser Sektor gut funktioniert.

Ein Pfleger hat mir dann aber das Folgende erzählt: «Pfleger ist was für Melancholiker. Die Diskrepanz zwischen dem, was man tun kann, und dem, was man tun will, ist schwierig. Man geht nach der Arbeit mit einem schlechten Gefühl nach Hause. Das ist ungeheuer belastend für die Pfleger und für die Bewohner, die ihr Lebensende und ihr Kapital einbringen und nicht das bekommen, was sie verdienen. Das Gefühl, den Erwartungen als Pfleger nicht gerecht zu werden, ist ein sehr schlechtes Gefühl.»

Mich hat das bestürzt. Wie müssen sich erst die Menschen fühlen, um die es hier geht? Wenn sie ihr letztes Vermögen dafür aufgebracht haben, um in einer Pflegeeinrichtung in Würde zu altern. Um dort Unterstützung bei der Bewältigung ihres Alltags zu erhalten. Eine Unterstützung, die die Verwandten vielleicht nicht leisten können. Weil die räumliche Distanz zu groß ist. Oder weil das einfach ein Vollzeitjob ist, den man nicht mal so eben nebenher bewältigen kann.

Menschen, die in ein Pflegeheim gehen, sind auf Unterstützung angewiesen. Und sie zahlen dafür. Sie zahlen dafür, dass sich jemand um sie kümmert. Und sie hoffen, dass ab und zu auch eine Minute übrig bleibt, um einfach mal zu reden. Dass jemand da ist, der auch mal zuhört. Das ist es, was der Pfleger, mit dem ich sprach, leisten will. Er will mit seiner Arbeit bestmöglich für die Menschen sorgen, die sich ihm anvertraut haben. Und er will, dass die Würde dieser Menschen und der Respekt vor diesen Menschen dabei an erster Stelle stehen. Es gibt in diesem Land viele, die so denken und bereit sind, das zu leisten. Die Pflegeberufe wählen, weil es ihnen wichtig ist, anderen zu helfen. Weil sie den Respekt gelernt haben, den ein solcher Beruf erfordert. Pflegerin oder Pfleger zu werden, ist in Deutschland eine zukunftsgewandte und vernünftige Entscheidung. Weil unsere Gesellschaft immer mehr altert, werden wir auch immer mehr Pflegebedürftige haben. Und die bedürfen immer mehr guter Pflegekräfte. Menschen, die gut für diesen Beruf ausgebildet werden. Die für ihre Arbeit die Wertschätzung erfahren, die diesem wichtigen Beruf gebührt. Deshalb ist für mich mit dem Besuch in Moers noch einmal deutlicher geworden: Die Qualität der Pflege muss daran gemessen werden, dass die Bedürfnisse der zu Pflegenden erfüllt werden, und nicht nur an ökonomischen Kriterien.

Was der Pfleger mir aber berichtete, war das Gegenteil. Nämlich, dass der wirtschaftliche Druck auf das Personal immer größer wird. Dass einfach immer weniger Zeit bleibt, um sich um die einzelnen Menschen vernünftig zu kümmern. Bei der Sorge um den Menschen, der vor einem steht, sei man mit den Gedanken schon beim nächsten, weil drei Pfleger knapp vierzig Bewohner zu betreuen haben – das hat mir das Personal in Moers erzählt. Ich bin davon überzeugt: Wir müssen den Pflegeberuf aufwerten, für bessere Bezahlung sorgen und die Betreuungsschlüssel so anpassen, dass Pfleger das tun können, dessentwegen die meisten von ihnen diesen Beruf gewählt haben: sich um die Menschen zu kümmern.

Denn sonst verliert diese wichtige Arbeit ihre Würde. Und auch das Altern an einem solchen Ort ist kein Altern in Würde mehr. In einem so reichen Land wie Deutschland dürfen wir nicht erlauben, dass die Pflege, der würdevolle Umgang mit Menschen, zu einer rein ökonomischen Frage reduziert wird. Dass der Druck, wirtschaftliche Profite zu erzielen, aber zugleich in menschlich würdigen Verhältnissen zu arbeiten, allein auf den Schultern der Pfleger lastet. Die ihr Bestes tun, aber selbst erkennen, dass dies manchmal nicht reicht, weil die Bedingungen dafür nicht gegeben sind. Wir dürfen nicht zulassen, dass diese Menschen von der Last ihrer Arbeit erdrückt werden.

Die Pflege aufzuwerten, ist das wahrscheinlich beste Beispiel dafür, was es bedeutet, Würde am Arbeitsplatz zu verteidigen oder erst zu ermöglichen. Das ist nicht immer einfach, aber es lohnt sich, dafür zu kämpfen. Denn unsere Arbeit, dieser wichtige Teil unserer selbst, muss respektiert und geschützt werden. Damit mir beim nächsten Besuch im Pflegeheim das Personal nicht mehr erzählt, Pflege sei etwas für Melancholiker, sondern vielleicht eher, dass Pflege etwas für Optimisten ist, für Menschen, denen die Arbeit mit anderen Menschen Freude macht, die stolz sind auf das, was sie jeden Tag tun, und die nach der Arbeit mit einem guten Gefühl nach Hause gehen. Ein gutes Gefühl, weil sie den Menschen das gegeben haben, was sie verdienen.

Über die Bedeutung von Respekt und Würde
im Umgang mit dem Scheitern

Wenn ich über Respekt und Würde im Arbeitsleben spreche, dann meine ich damit aber nicht nur die Menschen, die arbeiten. Ich meine auch die Menschen, die arbeiten wollen, es aber nicht können.

Das kann viele Gründe haben. Wirtschaftsexperten sprechen von friktioneller, saisonaler, konjunktureller und struktureller Arbeitslosigkeit. Hinter diesen Begriffen verbirgt sich, dass Menschen oft unverschuldet arbeitslos sind oder werden. Saisonale Schwankungen in der Nachfrage nach Arbeit hängen zum Beispiel mit dem Wetter und den Jahreszeiten zusammen. Im Bausektor ist das ein weitverbreitetes Phänomen. Während im Sommer fleißig gebaut wird, ist bei eingeschneiter Baustelle im Winter nicht daran zu denken. Dann gibt es die konjunkturelle Arbeitslosigkeit. Es werden Arbeitsplätze abgebaut oder weniger geschaffen, wenn es in der Volkswirtschaft oder in einem bestimmten Wirtschaftszweig schlechter läuft. Strukturelle Arbeitslosigkeit bedeutet, dass Arbeitsmärkte von gewaltigen Umbrüchen betroffen sind. Das ist zum Beispiel so, wenn eine neue Technologie eingeführt wird. Ein Beispiel aus alter Zeit: Im vergangenen Jahrhundert wurden in besonderen Vermittlungsstellen Telefonate per Hand verbunden. Man rief also eine zentrale Stelle an, und es meldete sich meist eine Telefonistin, die sich «Fräulein vom Amt» nannte und von der man dann mit der Person, mit der man sprechen wollte, manuell verbunden wurde. Heute ist dieses

System schon fast nicht mehr vorstellbar, vor allem für die Jüngeren. Warum sollte jemand zwischen mir und meinem Gesprächspartner sitzen? Ich kann diesen doch direkt anrufen. Ja, heute kann man das. Aber damals konnte man das noch nicht.

Und weil man heute direkt telefonieren kann, ist die Berufsgruppe der Telefonistin auch ausgestorben. Es gibt diesen Beruf einfach nicht mehr. Was ist mit all den Menschen passiert, die damals noch Telefonate zusammengesteckt haben? Sie sind ja nicht einfach mit ihrem Beruf verschwunden. Wahrscheinlich waren sie zuerst für eine Zeit arbeitslos, da ihre Kompetenz nicht mehr gefragt war. Vielleicht mussten sie erst einen neuen Beruf erlernen, um wieder in eine Beschäftigung zu kommen. In dieser Zeit der Umschulung arbeiteten sie nicht, sondern lernten. All das ist strukturelle Arbeitslosigkeit.

Ich kenne das Phänomen deshalb so gut, weil ich Bürgermeister in einer Stadt war, die auch von einem Strukturwandel betroffen war. Traditionell waren wir eine wirtschaftlich starke Region. Kohle und Stahl waren das Rückgrat der deutschen Industrie und der beim Wiederaufbau nach dem Zweiten Weltkrieg entscheidende Wirtschaftszweig. Doch dann kam die Kohlekrise. Nachdem eine ganze Region hundertfünfzig Jahre lang von der Kohle leben konnte, war auf einmal der Preis zu hoch, die Nachfrage zu schwach und die internationale Konkurrenz zu groß. Der Sektor starb langsam ab. Das war Strukturwandel auf die schmerzvolle Art. Auch, weil ihn kaum jemand erwartet hatte und weil zu wenig vorausgeplant worden war. Damals mussten sich die

Menschen von einem Tag auf den anderen fragen: Wo werde ich morgen arbeiten? Wofür sind meine Fähigkeiten noch zu gebrauchen? Wovon soll ich leben? Wer unterstützt mich?

Heute ist die vielleicht größte Quelle der strukturellen Arbeitslosigkeit die Automatisierung und Digitalisierung. Arbeit, die gestern noch ein Mensch machte, erledigt heute eine Maschine, ein Computer oder ein Roboter. Bücher werden heute nicht mehr nur gedruckt, sondern existieren auch elektronisch. Und mehrere große Unternehmen kämpfen derzeit um die Führung im Bereich autonomes Fahren, also das Steuern von Fahrzeugen ohne Fahrer. Das sind Megatrends, die schon jetzt unseren Arbeitsmarkt auf den Kopf stellen. Diese Disruption, wie es so schön in unzähligen Wirtschaftsartikeln heißt, ändert das Leben der Menschen in nahezu allen Lebensbereichen fundamental. Zwar liegen in der technologischen Revolution eine Menge Chancen auf mehr Demokratisierung, Partizipation, Wohlstand und Transparenz; gleichzeitig droht aber eine Verarmung der Kultur dadurch, dass Pluralität eingeschränkt wird, etwa wenn nur eine Handvoll Internetgiganten über den Zugang zu Informationen, Musik und sozialen Aktivitäten entscheiden. Selbst wenn bei diesem Prozess noch nicht entschieden ist, ob sich die Innovationen letztlich zum Fluch oder Segen für die Menschheit entwickeln, ist eines klar: Die Digitalisierung wird keinen Stein auf dem anderen lassen. Und sie führt schon jetzt dazu, dass viele Menschen – oft hochqualifizierte Kräfte – aus dem Arbeitsmarkt gedrängt werden, weil ihre Fähigkeiten einfach nicht mehr gefragt sind.

Aus dem Arbeitsmarkt zu fallen, kann selbst den gefestigtsten Menschen ins persönliche Straucheln bringen. Ich habe es zu Beginn beschrieben: Die Arbeit, das ist ein Orientierungspunkt, ein fester Platz, eine zweite Familie und Teil der persönlichen Identität. Wenn all das auf einmal weg ist, dann entsteht unweigerlich ein Loch. Und es gibt nicht wenige, die hineinfallen. Aus eigener Erfahrung weiß ich, wie schwer es zu verkraften ist, wenn berufliche Träume zerplatzen, wenn Lebensentwürfe scheitern, wenn Angst vor der Zukunft und Ungewissheit den Alltag prägen. Ich habe gelernt, was es heißt, wenn man seine Lebensperspektive verliert. Wenn man ins Straucheln gerät. Und was es heißt, wenn da jemand ist, der einem hilft, sich wieder aufzurichten. Bei mir waren es meine Familie und meine Freunde. Genau so will ich, dass auch diejenigen, die heute im Arbeitsmarkt ins Straucheln geraten, einen handlungsfähigen Staat an ihrer Seite haben. Wer aus dem Arbeitsmarkt ausscheidet, der sollte nicht in ein tiefes Loch blicken müssen. Den dürfen wir schon gar nicht in ein solches Loch fallen lassen.

Ich bin mir sicher, in den nächsten Jahren werden die Umbrüche, die die Wirtschaft 4.0 schon heute anstößt, ihre volle Kraft entwickeln. Viele Berufe, die jetzt noch selbstverständlicher Teil unserer Wirtschaft sind, werden gänzlich verschwinden. Wie es mit dem Beruf der Telefonistin oder mit den Zechenjobs ab den sechziger Jahren geschah. Andere werden vielleicht auf wenige Kernfunktionen reduziert. Tatsache ist aber auch: Viele neue Jobs werden entstehen. Für uns wird entscheidend sein, wie wir diesen Umbruch gestalten. Ob wir es schaffen, Menschen, die ihren Job verlieren, eine Perspektive zu bieten. Damit sie eben nicht fallen, wenn sie straucheln.

Ich habe Menschen auf meiner Reise getroffen, die genau davor Angst haben. Dass da etwas kommt, was sie nicht kontrollieren können. Dass ihr Arbeitgeber pleitegeht oder den Standort schließt. Dass sie von einem Tag auf den anderen auf der Straße stehen. Und dann nicht mehr weiterwissen.

Ich kann diese Sorgen verstehen, denn sie sind begründet. Das möchte ich an der Geschichte eines Mannes verdeutlichen, mit dem ich in einem von der Schließung bedrohten Betrieb gesprochen habe. Dieser Mann arbeitet dort schon vierzig Jahre. Mit vierzehn ist er eingestiegen. Jetzt, mit Mitte fünfzig, hat er Angst. Er hat Angst, seinen Job zu verlieren. Er hat Angst, dann in seinem Alter keinen neuen Job mehr zu finden. Denn seine Absicherung, das sind fünfzehn Monate Arbeitslosengeld. Hat er dann noch immer keinen Job gefunden, geht es an seine Existenz. Runter bis aufs Schonvermögen. Nachdem er vierzig Jahre in die Sozialkassen eingezahlt hat, hat er Anspruch auf kaum mehr als ein Jahr vollen Schutz.

Das kann so nicht sein. Wenn wir davon sprechen, dass Respekt und Würde im Arbeitsleben die zentralen Prinzipien sein sollen, dann muss das auch für die gelten, die zwischenzeitlich aus dem Arbeitsmarkt ausscheiden. Wir müssen dafür sorgen, dass Menschen eine Chance haben, wieder in den Arbeitsmarkt zurückzukommen. Egal, wie alt sie sind, egal, welches Geschlecht sie haben, egal, was für eine Ausbildung sie mitbringen. Dafür haben wir heute die Jobvermittlung. Das wird aber in

Zukunft nicht mehr reichen, da sich die Anforderungen bei immer mehr neuen Jobs immer schneller verändern. Man sagt, dass für die Fähigkeiten der Menschen, die heute spezialisiert ausgebildet werden, vielleicht schon in fünf, zehn oder fünfzehn Jahren keine Verwendung mehr da sein wird. Für viele Generationen war die Arbeitsstelle, in der man seine Ausbildung machte, oft auch die Arbeitsstelle, in der man in Rente ging. Das ist schon lange nicht mehr so. Besonders junge Menschen müssen nun häufiger den Arbeitgeber wechseln, müssen neue Jobs in neuen Städten annehmen und oftmals völlig neue Kompetenzen erlernen. Deshalb wird die entscheidende Frage für das 21. Jahrhundert werden: Können wir ein modernes Weiterbildungssystem für unsere Arbeitskräfte entwickeln, das sich den Anforderungen eines sich immer schneller verändernden Arbeitsmarktes anpasst?

Wir wollen genau das schaffen. Im März 2017 haben die Bundesarbeitsministerin Andrea Nahles, der Hamburger Bürgermeister Olaf Scholz und ich den ersten Vorschlag zur Beantwortung dieser Frage gemacht. Wir haben die Weiterentwicklung der Bundesagentur für Arbeit zu einer Bundesagentur für Arbeit und Qualifizierung gefordert. Wir wollen ein Recht auf Qualifizierung einführen und sagen: Wer sich weiterqualifiziert, um bessere Chancen zu haben, einen Job zu finden, den sollten wir nicht dafür bestrafen. Deshalb wollen wir, dass die Zeit der Weiterqualifizierung nicht auf die Zeit der Arbeitslosengeldbezüge angerechnet wird. Wir denken, dass die Menschen in Deutschland es verdient haben, dass wir alles dafür tun, ihnen auch in der Arbeitswelt von morgen eine gute Perspektive zu bieten. Damit ein Ausscheiden aus dem Arbeitsmarkt nicht das Ende ist. Damit alle Rahmenbedingungen stimmen, um eine Rückkehr in Würde zu ermöglichen. Das ist für uns eine entscheidende Zukunftsfrage. Die Arbeit, die die Menschen jeden Tag verrichten, ist nämlich nicht nur ein Teil ihres Selbst. Sie ist wichtig für jeden und jede Einzelne, so wichtig und persönlich fast wie der eigene Name, für manche sogar noch wichtiger. Aber sie ist auch eine Leistung für die Gemeinschaft. Denn das sind wir hier in Deutschland, eine Gemeinschaft. Jeden Tag profitieren wir von dem, was andere geschaffen haben und schaffen. Es geht darum zu erkennen, dass jeder in diesem Land jeden Tag dazu beiträgt, dass es vorangeht. Dass wir hier alle zusammen gut leben. Deshalb gebührt jedem Bürger und jeder Bürgerin Respekt. Respekt vor der Würde ihrer Arbeit. Respekt vor ihrer Lebensleistung.

KAPITEL 6

Von einem, der auszog, ein Unternehmen zu gründen

Was es für mich bedeutete, einen eigenen Laden aufzumachen

E s war eine der besten Entscheidungen meines Lebens. Im Jahr 1982 bot mir mein Freund Achim Großmann an, eine eigene Buchhandlung zu eröffnen. Er hatte ein Haus von seinen Eltern geerbt und suchte nun nach einer Verwendung für das Ladenlokal im Erdgeschoss. Ich war zu dieser Zeit bei einer Werbeagentur angestellt, konnte mich aber nie mit meinem Job anfreunden. Ein eigenes Geschäft aufzumachen, war für mich ein Traum. Er barg aber ein enormes Risiko. Umso mehr, da ich kein signifikantes Kapital einzubringen hatte. Doch mein Freund vertraute mir und bot mir das Lokal zu einer sehr anständigen Miete an. Er vertraute darauf, dass ich diese auch würde zahlen können, vertraute auf meine Leidenschaft, mein Talent, Bücher zu verkaufen. Mein Bruder und mein Schwager übernahmen Bürgschaften für ein Existenzgründerdarlehen. Ungefähr 40 000 D-Mark waren das damals. Dazu kam ein Kredit von 40 000 D-Mark, speziell für Unternehmensgründer. Ich ging also mit

80 000 Mark Schulden in mein Abenteuer. Heute kaum vorstellbar, dass man mit einem so geringen Startkapital ein Unternehmen gründet. Trotzdem war das damals eine enorme Last für mich als junger Unternehmer. In den ersten Jahren arbeitete ich nur für die Bank, und ich erinnere mich an manch schlaflose Nacht, wenn ich den Eindruck hatte, dass es nicht richtig lief, oder ich mit meinen Entscheidungen haderte.

Ein eigenes Unternehmen zu gründen, hat mich viel gelehrt. Ich habe dabei erfahren, was es bedeutet, sich in ein solches Abenteuer zu stürzen. Damals hätte ich es gut gefunden, wenn ich eine Absicherung gehabt hätte. Wenn es spezielle Förderprogramme für Jungunternehmer gegeben hätte. Mein Vorteil war, dass mein Geschäft an sich relativ wenig Risiko barg. Ich hatte diesen Beruf ja von der Pike auf gelernt. Meine Heimatstadt hatte Platz für einen weiteren Buchladen. Damals verkauften sich Bücher noch gut. Es war die Vor-Internet-Zeit, in der es noch keine E-Books gab, auch versorgte ich die örtlichen Schulen mit Schulbüchern in Klassensatz-Stärke. Es war ein großes Glück für mich, meine Begeisterung für Bücher zum Beruf zu machen. Durch die Unterstützung meines Freundes und meiner Familie hatte ich bessere Startchancen als viele andere Unternehmensgründer. Was für mich das Größte war: Ich war mein eigener Herr. Ich konnte meine Ideen umsetzen, ohne einen Chef fragen zu müssen. Freiheit – das ist der Kern der Selbständigkeit. Wir alle in der Politik müssen lernen: Diese Freiheit ist ein Wert an sich. Ja, der Staat muss Lebensrisiken absichern, er muss für Angestellte und Rentner sorgen. Aber er darf nie vergessen: Der kleine Einzelhändler, die selbständige Graphikerin, der Internetfreak in Berlin oder eben der Buchhändler: Sie träumen nicht zwingend vom Angestelltendasein.

Ich habe meine unternehmerischen Erfahrungen als kleiner Einzelhändler gemacht. Wie ungleich schwieriger muss es für einen Unternehmer sein, der auf einen globalen Markt blickt und der vielleicht ein völlig neues Produkt anbieten möchte. Oder für einen Unternehmer, der viele Dutzende, vielleicht Hunderte oder Tausende Mitarbeiter hat. Der nicht mit einem Startkapital von 40 000 Euro anfängt, sondern mit einer halben Million oder mehr. Das nötigt mir großen Respekt ab, und ich bin sehr dafür, dass wir diese Unternehmer unterstützen. Wir müssen es den kleineren und mittleren Unternehmen erleichtern, aus den Startlöchern zu kommen. Und wir müssen Unternehmen helfen, den Übergang von kleinen zu großen Märkten, von der lokalen und nationalen Ebene auf die globalen Märkte zu schaffen. Gerade in Zeiten der Digitalisierung, in denen wir auf die Kreativität und Innovation unserer Wirtschaft angewiesen sind, müssen wir hier besser werden.

Was die Digitalisierung bedeutet

Wir sind mittendrin im digitalen Zeitalter, und es gibt kein Entfliehen und kein Zurück. Wie bei allem im Leben gibt es auch bei der Digitalisierung Chancen und Risiken. Entscheidend ist, dass wir die Digitalisierung als Gestaltungsaufgabe anpacken. Verweigern ist keine Taktik, Abschotten hilft nicht. Das wäre so, als würde man die Augen schließen und glauben, man wäre unsichtbar. Denn wer sich heute der Digitalisierung entziehen möchte, der darf keine E-Mails mehr lesen, der darf kein Navigationsgerät mehr benutzen, der darf kein Smartphone besitzen und der darf auch nicht mehr auf Dienste zurückgreifen, die heute schon durchdigitalisiert sind, wie der Flugverkehr oder Bankdienstleistungen. Wer keine Digitalisierung will, der muss eigentlich komplett offline gehen. Und das ist heute kaum mehr möglich, will man als Bürgerin oder Bürger am öffentlichen Leben teilnehmen. Aber selbst wenn man individuell eine solche Entscheidung treffen kann, als Volkswirtschaft geht das natürlich nicht, wenn wir unseren Reichtum, unsere Kreativität und unseren Unternehmergeist bewahren wollen.

Und warum sollte man sich auch verweigern? Die Digitalisierung hat uns schon heute enorme Vorteile gebracht. Wir finden Informationen schneller als jemals zuvor. Wo das enzyklopädische Wissen in meiner Jugend noch in dicken dreißigbändigen, ledergebundenen Lexika in den Regalen der wenigen Privilegierten stand, die sich diese Bände leisten konnten, kann sie heute jeder über sein Smartphone abrufen. Modernste Telekommunikation gibt uns die Möglichkeit, selbst über größte Distanzen Informationen und Wissen an andere weiterzugeben. Und wenn wir dabei das Wi-Fi des Cafés an der Ecke verwenden, ist dies sogar kostenlos. Die besten Universitäten der Welt bieten heute eine große Anzahl ihrer Kurse gratis als Online-Version an, und unter den besten Absolventen sind nicht selten Online-Studenten, die nicht an der Universität eingeschrieben sind, die den Kurs anbietet. Die also auch nicht Zehntausende US-Dollar an Studiengebühren bezahlen müssen. Die aber genauso talentiert sind wie die Studenten, die sich das leisten konnten. Moderne Technologie rettet heute viele Menschenleben. Es gibt spezialisierte Ärzte, die von irgendeinem Platz in der Welt dazugeschaltet werden und ihren Kollegen vor Ort helfen, wenn diese eine komplizierte Operation durchführen müssen; oder Autos, die bei einem Unfall sofort das nächstliegende Krankenhaus verständigen, auch wenn die Insassen nicht mehr kommunizieren können. Familienleben kann flexibler gestaltet werden. Es geht nicht mehr nur um «Samstags gehört Vati mir», sondern es ist dann möglich, dass Vati und Mutti auch unter der Woche ihre Arbeitszeit flexibel aufteilen können, ab und zu zu Hause arbeiten und insgesamt mehr Zeit mit der Familie verbringen können. Für die Diktatoren dieser Welt wird das Leben dagegen komplizierter, weil das Informationszeitalter erhebliche Chancen für Freiheitskämpfer bietet: Beim Arabischen Frühling etwa wurden mit Handys und Internetplattformen zunächst Diktatoren gestürzt, auch wenn diese Revolution nicht wirklich einen dauerhaften Fortschritt für die Menschen in der Region gebracht hat. Das ist die eine Seite der Digitalisierung: Wissen wird auf breitester Ebene verfügbar, was massive Vorteile in allen erdenklichen Bereichen hat. Deshalb ist das Internet zunächst einmal eine gute Technologie.

Wogegen wir uns aber wehren müssen, ist, dass das Internet degeneriert, dass es selbst totalitäre Züge annimmt. Wir leben in einer Zeit der totalen Verfügbarkeit von Wissen über alles und jeden. Daten sind der neue Goldstandard, das Öl des 21. Jahrhunderts. Diese Daten gehören aber in erster Linie den Menschen. Wir müssen uns deshalb fragen, ob ihnen dadurch nicht auch ein Teil des Reichtums gehört, den diese Daten generieren. Wir müssen uns fragen, wie sie an diesem Vermarktungsprozess teilhaben. Die Weiterentwicklung der Formel «Wissen ist Macht» lautet im digitalen Zeitalter: «Wissen über Menschen ist Macht über Menschen.» Was bedeutet das? Es bedeutet, dass Internetkonzerne, die immer mehr Wissen über einzelne Menschen sammeln, am Ende über den Einzelnen fast mehr wissen als er selbst. Diese Konzerne oder Verwalter der Daten, wie man sie nennen müsste, gehören zu den Verwaltern des Wissens über die Menschen und damit zu den neuen Machthabern. Mit dem Traum, Wissen unbegrenzt verfügbar zu machen, wird plötzlich eine Welt sichtbar, in der diese Demokratisierungsstrategie zu einem Totalitarismusprojekt verkommen könnte. Deshalb müssen uns die Berichte der Whistleblower aufschrecken, die uns zeigen, was heute schon an Kontrolle und Missbrauch möglich ist. Eine schleichende Entdemokratisierung kann die Folge der Digitalisierung sein – wenn wir nicht handeln.

Regeln für eine neue Welt

Die Digitalisierung zu gestalten, ist also die Aufgabe, vor der wir stehen. Das betrifft nicht nur Digital Natives, Computernerds oder sogenannte Netzpolitiker. Es ist eine gesamtgesellschaftliche Aufgabe, bei der es um nichts weniger geht als um die Frage, wie wir zukünftig leben wollen. Es geht um die Zukunft der Arbeit und um neue, innovative Produkte und Verfahren, um soziale Sicherheit, um die Frage, wie wir unsere Beziehungen und wie wir unsere Freizeit gestalten. Es geht um die Pluralität der Medien, die Teilhabe am demokratischen Prozess, ja sogar um die Frage von Krieg und Frieden. All das darf nicht einfach von Programmierern oder deren Algorithmen bestimmt werden. Wir brauchen Regeln für diese neue Welt.

Stellen wir uns dies anhand eines Beispiels vor. Sie werden in einem selbstfahrenden Auto durch die Stadt gefahren. Auf einmal springt einige Meter vor Ihnen ein Kind auf die Straße. Es ist zu spät zum Bremsen. Auf dem Bürgersteig neben Ihnen geht eine alte Dame mit ihrem Hund spazieren. Das Auto entscheidet nun, wie es reagiert: Weicht es dem Kind aus, wird es die alte Dame treffen. Versucht es zu bremsen, wird es das Kind treffen. Was macht das Auto? Wer trifft diese Entscheidung, und wer ist schließlich verantwortlich dafür? Eine schwierige juristische, aber viel mehr noch eine schwierige ethische Frage, vor der wir uns kaum wegducken können.

Ein anderes Beispiel: Schon heute tragen viele Menschen Fitnessarmbänder, mit denen sie ihre Gesundheit überwachen. Es erfordert keinen großen Gedankenschritt, um sich vorzustellen, dass diese Daten ökonomisch weiterverwendet werden können. Krankenversicherungen könnten darauf zurückgreifen, um zu überprüfen, ob man auch täglich seine Fitnessübungen gemacht hat. Dann werden Menschen, die sich nicht an die Vorgaben halten, mit höheren Beiträgen sanktioniert; diejenigen, die ihr tägliches Pensum absolvieren, bekommen Boni oder Vergünstigungen. Und vielleicht wird das selbstfahrende Auto auch auf diese Daten zurückgreifen können. Es wird vielleicht die Daten des Kindes und der alten Dame in Millisekundenschnelle lesen. Ein Algorithmus wird kalkulieren, wer noch wie lange zu leben hätte – es wird also eine Entscheidung über Leben und Tod auf der Grundlage von statistischen Wahrscheinlichkeiten vorgenommen. In Millisekunden wird das Auto zu einem Ergebnis kommen: dem Ergebnis, wer statistisch mehr wert ist. Auf Basis dieser Rechnung wird es eine Richtung einschlagen. Darf ein Auto so etwas, oder ist damit nicht schon die Verdinglichung des Menschen erreicht?

Es sind Fragen genau dieser Art, die wir in einem gesellschaftlichen Dialog beantworten müssen. Frank Schirrmacher war einer der wichtigen Vordenker, er hat diese Debatte im Feuilleton der «Frankfurter Allgemeinen Zeitung» in die breite Öffentlichkeit getragen. Seine Stimme und sein Nachdenken über Fragen des digitalen Zeitalters fehlen uns heute. Denn die Debatte, zu der er in Deutschland einen wichtigen Anstoß gab, sie geht weiter und ist notwendiger denn je.

Eines der Projekte, über die wir zusammen nachgedacht hatten, war die Idee, eine Grundrechtecharta für die digitale Welt zu konzipieren. Nach seinem viel zu frühen Tod nahm die «Zeit»-Stiftung diesen Gedanken auf und brachte eine Reihe von Engagierten zusammen. Die Initiative vereinte Akademiker, Künstler, Blogger, Politiker, Unternehmer – Vertreter beinahe aller Bereiche der Gesellschaft. Die Charta wurde am 1. Dezember 2016 veröffentlicht, und schon in der ersten Woche trugen sich mehr als tausend Menschen als Mitunterzeichner ein. Sie überträgt die Grundrechte, die wir zum Beispiel im deutschen Grundgesetz oder in der europäischen Grundrechtecharta niedergeschrieben haben, auf den digitalen Raum. Ich möchte beispielhaft den ersten Artikel mit seinen drei Absätzen zitieren:

1. Die Würde des Menschen ist auch im digitalen Zeitalter unantastbar. Sie muss Ziel und Zweck aller technischen Entwicklung sein und begrenzt deren Einsatz.
2. Neue Gefährdungen der Menschenwürde ergeben sich im digitalen Zeitalter insbesondere durch Big Data, künstliche Intelligenz, Vorhersage und Steuerung menschlichen Verhaltens, Massenüberwachung, Einsatz von Algorithmen, Robotik und Mensch-Maschine-Verschmelzung sowie Machtkonzentration bei privaten Unternehmen.
3. Die Rechte aus dieser Charta gelten gegenüber staatlichen Stellen und Privaten.

Die digitale Grundrechtecharta wurde viel gelobt, sie wurde aber auch heftig kritisiert, weil manche in der

Grundrechtedebatte ein Einfallstor für zu viel staatliche Regulierung, für neue Überwachung oder gar für Freiheitsbeschneidung im Netz befürchteten. Auch wenn ich nicht jedes Argument teilen konnte, zeigte die Debatte doch, wie wichtig die Diskussion über die Regeln im digitalen Zeitalter ist. Denn jede technologische Innovation produziert Gewinner und Verlierer, und es ist eine gesellschaftliche Frage, wie wir diese Epochenbrüche friedlich und konstruktiv gestalten, damit eine Mehrheit von diesem Innovationsschub profitiert und dabei auch Minderheitenrechte gewahrt bleiben. Ich bin überzeugt, dass wir spezielle und sichtbare Regeln für ein Leben in der neuen digitalen Welt brauchen. Regeln, auf die sich Menschen berufen können. Denn der Trend wird weitergehen. Wir werden immer mehr Daten produzieren und ins Netz laden. Bewusst und unbewusst. Jeder Mensch wird ein digitales Abbild seiner selbst entstehen lassen. Bundespräsident Joachim Gauck sprach von einem «digitalen Zwilling». Der quantifizierte Mensch wird uns künftig wie ein Schatten begleiten.

Es geht darum, nicht zuzulassen, dass der Mensch auf diesen Schatten reduziert wird. Auf die Summe seiner Daten. Seines Internetverlaufs, seiner Kaufhistorie und seiner Likes. Deshalb bleibe ich dabei, dass das Sammeln und die Kontrolle unserer gesamten Daten in freiheitlichen und selbstbestimmten Gesellschaften moralwidrig sind. In aller Klarheit: Nicht alles, was technisch möglich ist, darf erlaubt sein. Nicht alles, was effizienter ist, ist besser. Die Moral der Machbarkeit entspricht nicht unserer Ethik. Genau deshalb brauchen wir klare Regeln wie sie die digitale Grundrechtecharta vorschreibt. Weil der Mensch ein Recht auf den Schutz seiner Menschlichkeit hat. Online und offline.

Kein «The winner takes it all» in der Internetökonomie

Dass ich vehement klare Regeln für die digitale Zukunft und eine digitale Grundrechtecharta fordere, bedeutet nicht, dass ich die wirtschaftlichen Chancen, die die Digitalisierung bietet, in Abrede stelle. Im Gegenteil: Die Digitalisierung bietet neue Möglichkeiten und ist für unsere Wirtschaft eine der wichtigsten Innovationsquellen. Sie hilft uns schon jetzt bei der Umsetzung von Mammutprojekten wie der Energiewende. Aber auch Unternehmen und kreative Köpfe brauchen Rechtssicherheit, müssen wissen, was erlaubt und was verboten ist. Und auch die neuen wirtschaftlichen Machtverhältnisse, die die Digitalisierung mit sich bringt, bedürfen klarer Rahmen.

Die digitale Welt zeichnet sich nämlich durch Netzwerkeffekte aus. Sobald ein Player mit einem Produkt eine kritische Masse an Nutzern angezogen hat, steigt seine Attraktivität mit jedem weiteren Nutzer. Das beste Beispiel ist Facebook. Weil sehr viele auf Facebook unterwegs sind, ist es attraktiv auch für die Personen, die noch nicht dort vernetzt sind. Jedes Mitglied wird so unbeabsichtigt zum Werber für mehr Mitglieder. Die digitale Welt, sie ist eine Welt der ökonomischen Giganten: Facebook, Google, Amazon und Apple. Sie sind die neuen Herrscher, auch wenn sie teilweise erst wenige

Jahre auf dem Markt sind. Und wenn es ein neues Start-up schafft, einen Dienst anzubieten, der eine Marktlücke füllt, wird es nicht selten sofort geschluckt.

Wir greifen heute auf immer mehr Inhalt online zu. Publikationen, Artikel, Musik und Filme sind entweder direkt verfügbar oder als Flatrate abonnierbar. Die wahren Schöpfer von Kultur werden so abgekoppelt von ihren Produkten, die als Konsumgüter in den Mediatheken im Angebot stehen. Die Datenplattformen greifen oft den Löwenanteil der Gewinne ab, und sie sind es, die die Beziehung zum Endverbraucher herstellen und die Vorlieben und Gewohnheiten der Kunden kennen und auswerten. Hier hat sich etwas verschoben. Denn es sind doch die großartigen Musikerinnen, die Schriftsteller, Journalisten, Schauspieler, Filmemacherinnen und Programmierer, die Neues schaffen und ihre kreative Energie einbringen. Sie sind es doch, die am meisten davon haben sollten, wenn ihre Werke nun viel mehr Menschen zugänglich gemacht werden können.

Wir «User» sind der Illusion erlegen, dass es im Netz Dinge umsonst gäbe. Das ist aber nicht der Fall. Denn auch wenn wir zum Beispiel einen Titel kostenfrei anhören, bezahlen wir hierfür mindestens mit unseren Daten. 2014 erhielt der amerikanische Netzintellektuelle Jaron Lanier den Friedenspreis des Deutschen Buchhandels. Ich hatte die Ehre, in der Frankfurter Paulskirche die Laudatio auf diesen außergewöhnlichen Vordenker zu halten. Lanier hat den Irrglauben einer Kostenfreiheit im Netz einmal so formuliert: «Wenn Musik nichts kostet, dann wird eben die Handyrechnung teurer, so verrückt das auch ist.»

Es wird auf uns und unser Verhalten ankommen, wenn es darum geht, wie groß die Macht der Internetgiganten werden wird. Sie sind nur so mächtig und stark, wie ihre Nutzer sie machen. Wenn die Nutzer jedoch vor lauter Monopolen keine echten Auswahlmöglichkeiten mehr haben, dann sind wir in unserer Wahlfreiheit eingeschränkt. Selbst große, etablierte Unternehmen wie der Axel Springer Verlag erleben dieses Phänomen. In einem offenen Brief an Eric Schmidt, einen der damaligen geschäftsführenden Vorstände von Google, schrieb der Vorstandsvorsitzende Mathias Döpfner 2014 in der «Frankfurter Allgemeinen Zeitung»:

«Ein großer Anteil journalistischer Qualitätsmedien erhält seinen Traffic überwiegend via Google. In anderen, vor allem nichtjournalistischen Bereichen findet der Kunde sogar fast ausschließlich durch Google den Weg zum Anbieter. Das heißt im Klartext: Wir – und viele andere – sind von Google abhängig. Google hat in Deutschland zurzeit einen Suchmaschinen-Marktanteil von 91,2 Prozent. Da ist die Aussage ‹Wenn Google euch nicht passt, könnt ihr euch ja auslisten lassen und woandershin gehen› in etwa so realistisch wie die Empfehlung an einen Atomstromgegner, doch einfach auf Strom zu verzichten. Das kann er – solange er nicht den Amish People beitreten möchte – im wahren Leben eben nicht. [...] Wir haben Angst vor Google.»

Wie müssen sich erst kleine Unternehmer, Start-ups, junge Tüftler oder einzelne Bürger fühlen, wenn schon große Medienkonzerne «Angst haben»? Eines ist klar: Das Internetzeitalter hat neue Monopolstrukturen geschaffen, und wir müssen lernen, mit dieser Situation umzugehen, damit wirtschaftliche Vielfalt diesem Trend nicht zum Opfer fällt. Denn wo Monopole existieren – da sind sich die meisten Wirtschaftswissenschaftler einig –, operiert der Markt zum Nachteil der Kunden. Zu hohe Preise, Ineffizienz, ja manchmal sogar Abzocke gehören zu den negativen Effekten. Hier ist das europäische Wettbewerbsrecht gefragt. Das ist der Grund, warum die EU seit Jahren mit einigen der großen Internetgiganten streitet, und bei diesen Verfahren geht es um sehr viel. Denn eine Ökonomie nach dem Motto «The winner takes it all» ist für unsere marktwirtschaftliche Wirtschaftsordnung systemwidrig, weil sie im Widerspruch zu Wettbewerb und Pluralität steht, und es wäre verheerend, wenn unsere vielfältige Medienlandschaft nur von einigen wenigen US-amerikanischen Giganten dominiert würde.

Investitionen für eine gerechte und zugleich innovative Wirtschaft

Wir werden in diesem Jahrhundert enorme wirtschaftliche Umwälzungen in Deutschland erleben. Das ist aufregend und spannend. Mir ist wichtig, dass wir diesen Wandel gut hinbekommen. Ja, wir wollen Fortschritt, wir wollen Zukunft, wir wollen Innovation. Aber für mich ist klar: Wirtschaftlicher Erfolg, Innovation und soziale Gerechtigkeit gehören untrennbar zusammen. Zwar ist diese Erkenntnis politisch noch nicht umgesetzt, aber ich treffe immer mehr Ökonomen, die erkennen, dass gerechte Gesellschaften auch innovative und kreative Gesellschaften sind. Selbst bei den teilweise elitären Debatten auf dem Weltwirtschaftsforum in Davos hat die Diskussion über globale Gerechtigkeit ihren festen Platz, und auch der Armuts- und Reichtumsbericht der Bundesregierung aus diesem Jahr zeigt eindrücklich, dass wirtschaftliche Vernunft und soziale Gerechtigkeit zwei Seiten derselben Medaille sind.

Deshalb wollen wir in die Qualifizierung der Menschen investieren. Weil es ihnen hilft, Arbeit zu finden, und weil es Unternehmen hilft, ihren Fachkräftebedarf zu decken. Und wir wollen massiv in die Bildung investieren. Damit eine gute Ausbildung nicht von der beruflichen Situation der Eltern abhängt, sondern ganz allein von der Leistung der Kinder. Die deutsche Wirtschaft zeichnet sich besonders durch ihr Know-how und die hohe Qualität ihrer Produkte aus. Diese Stärke können wir nur bewahren, indem wir eine hohe Qualifizierung unserer Arbeitnehmer gewährleisten.

Gleichzeitig müssen wir die Rahmenbedingungen für unternehmerischen Erfolg schaffen und die Wirtschaft ganz gezielt unterstützen. Ich denke hier besonders an unsere Infrastruktur: Hier gibt es einen enormen Investitionsstau, der mittlerweile nicht nur die Lebensqualität vieler Menschen beeinflusst, sondern zu einem Wachstumshemmnis wird.

Ich möchte das an einem Beispiel verdeutlichen: In Deutschland gibt es ungefähr 25 000 Bahnbrücken. «Die Zeit» berichtete 2014, dass jede dritte dieser Brücken mehr als hundert Jahre alt sei und mehr als eintausend Brücken dringend ersetzt werden müssten. Hier geht es buchstäblich darum, dass uns nicht der Boden unter den Füßen wegbricht. Die Brücken sind nur ein Beispiel unseres Nachholbedarfs: Bundesweit haben wir nach Angaben der Kreditanstalt für Wiederaufbau einen wahrgenommenen Investitionsrückstand von knapp 130 Milliarden Euro bei den Kommunen. Wir leben von der Substanz, ohne für die Zukunft zu sorgen. Das darf so nicht weitergehen.

Deshalb werde ich Zukunftsinvestitionen in die Infrastruktur ganz oben auf meine Agenda setzen. Eine führende Wirtschaftsnation braucht intakte Straßen, Brücken und Schulen. Sie braucht in Zeiten der Digitalisierung auch eine zeitgemäße digitale Infrastruktur mit einem schnellen Internet in Stadt und Land. Damit unabhängig vom Standort Unternehmen vernetzt sind und am digitalen Wettbewerb teilnehmen können. In einem Land, das mit der Energiewende vor einer großen Herausforderung steht, sind auch die Energieversorgung, die Energiesicherheit und ihre Bezahlbarkeit zentrale Elemente einer lebenswichtigen Infrastruktur. Wir werden sicherstellen, dass Deutschlands hochinnovative Industrie mit ihrer energieintensiven Produktion international wettbewerbsfähig bleibt, und wir werden beweisen, dass ein hocheffizientes Industrieland aus der Kernenergie aussteigen kann, ohne seine weltweite Spitzenposition zu verlieren.

Wenn wir diese Spitzenposition halten wollen, dürfen wir den richtigen Moment nicht verpassen, um die Weichen für die Zukunft zu stellen. Dieser Moment ist jetzt. Noch nie seit der Wiedervereinigung hatten wir so hohe Haushaltsüberschüsse bei Bund, Ländern und Gemeinden – insgesamt knapp 24 Milliarden Euro. Gleichzeitig profitieren wir seit Jahren von extremen Niedrigzinsen in Europa. Das sind doch ideale Bedingungen für Investitionen. Es gilt: Jetzt, in einer Zeit, in der es uns ökonomisch so gut geht und wir eine hohe Beschäftigungsquote haben, müssen wir dringend notwendige Zukunftsinvestitionen tätigen.

Deutschland als Industrieland 4.0

Beim Schritt in unsere wirtschaftliche Zukunft werden wir weiterhin auf die Industrie setzen. Denn eines ist unbestritten: Sie ist die Grundlage unseres wirtschaftlichen Erfolgs und unseres Wohlstands. In Deutschland hängt ungefähr jeder dritte Arbeitsplatz an der Industrie, die verantwortlich ist für mehr als ein Fünftel unserer Wertschöpfung. Zählt man die industrienahen Dienstleistungen dazu, dann ist es sogar noch deutlich mehr. Die USA und Großbritannien liegen hier klar hinter uns. Denn die Amerikaner und die Briten sind in den Jahren nach 2000 dem Trend gefolgt, die Industrie massiv abzubauen und auf den Dienstleistungssektor zu setzen. Bundeskanzler Gerhard Schröder hat sich dem widersetzt, und zwar aus gutem Grund. Denn die Stärke unserer erfolgreichen deutschen Volkswirtschaft liegt in unserer breiten Wertschöpfungskette – von der Grundstoffindustrie über den mittelständischen Familienbetrieb, die Maschinenbauer, das große Industrieunternehmen und die regionale Handwerksfirma bis hin zur kleinen

Hightech-Schmiede. Sie liegt auch in der starken Partnerschaft zwischen Arbeitnehmern und Arbeitgebern; im System der Mitbestimmung, in fairen Tarifverträgen, der guten Arbeit der Gewerkschaften und der Betriebsräte. Die Jobs in Deutschland sind im Jahr 2008 nicht mit der Immobilienblase geplatzt wie viele Dienstleistungsjobs in anderen Ländern. Sie können auch nicht ganz so einfach «outgesourct» werden. Weil wir eben diese starke Partnerschaft haben und weil die Industrie einfach einen starken wirtschaftlichen Kern bildet. Die Robustheit des Wirtschaftsstandorts Deutschland seit der Krise zeigt, dass es gut war, sich dem allgemeinen Trend zur Deindustrialisierung zu entziehen und, wenn nötig, Strukturwandel in den Betrieben gemeinsam anzugehen.

Wer einmal durch die Werkhallen eines führenden Unternehmens gegangen ist, der versteht schnell, woher die Stärke der deutschen Industrie kommt. Sie gehört eben nicht zur «old economy», zum alten Eisen oder zur Welt von gestern. Ich bin in den letzten Wochen und Monaten bei vielen Industrieunternehmen gewesen: in Lkw-Werken, Ausbesserungshallen für Züge oder in Druckereien und an Stahlstandorten. Jedes Mal haben mich diese Orte schwer beeindruckt: die hochmodernen Maschinen, die von den weltbesten Maschinenbauern konzipiert wurden, die Fertigungsprozesse, die bis zum letzten Handschlag durchdacht sind, die Präzision bis zum letzten Millimeter. Ich war beeindruckt von der Technik, aber vor allem von den Ingenieuren und Fachkräften, jeder und jede Einzelne von ihnen war an seiner oder ihrer Stelle ein Experte. In den Werkhallen unseres

Landes ist erlebbar, was Innovation und wirtschaftlicher Fortschritt eigentlich bedeuten. Das kann man dort mit eigenen Augen sehen.

Deshalb: Unser Ziel war, ist und bleibt, die deutsche Industrie zu stärken und zu fördern, um sie zukunftsfest zu machen. Gerade die kleinen und mittelständischen Unternehmen, die einen großen Teil unserer Industrie ausmachen und die sich keine eigene Forschungsabteilung leisten können, müssen wir fördern. Wir müssen sie dabei unterstützen, auch im digitalen Wettbewerb weiter zu bestehen. Das Wirtschaftsministerium hat in den vergangenen Jahren Kompetenzzentren für den Mittelstand zum Thema Digitalisierung aufgebaut, die die mittelständischen Betriebe beraten und vernetzen. Das ist der richtige Ansatz. Es ist ein Ansatz, den wir uns beim Silicon Valley abschauen können. Wir müssen es nicht genau kopieren, um erfolgreich zu sein. Aber der Gedanke, dass Wissenschaft, Industrie, Mittelstand und Start-ups eng zusammenarbeiten und Innovationen zusammen vorantreiben: Dieser Gedanke ist gut.

Wenn kleinere und mittelgroße Unternehmen in Deutschland forschen, also Personal für Forschung und Entwicklung einstellen, müssen wir sie dabei direkt unterstützen. Auch im Bund können wir noch mehr für Forschung und Entwicklung tun. Ich finde: Deutschland sollte bei den Ausgaben für Forschung und Entwicklung an der Spitze stehen. Das ist ein Weltrekord, den wir anstreben sollten.

Nicht zuletzt müssen wir auch besser darin werden, Gründer zu stärken. Ich habe am Anfang des Kapitels beschrieben, wie ich selbst ein kleines Unternehmen gegründet und jahrelang aufgebaut habe. Den Laden gibt es heute noch. Ich weiß daher aus eigener Erfahrung, wie wichtig es ist, dass man besonders in der Startphase Unterstützung bekommt. Bei mir waren das meine Familie und Freunde. Aber auch jemand, dem nicht die Freunde oder die Familie helfen können, muss Unterstützung bekommen. Besonders in Zeiten der Digitalisierung, in denen wir auf die Kreativität neuer Unternehmer angewiesen sind, müssen wir dafür sorgen, dass gute Ideen finanziert werden. Wir sollten unsere Bildungspläne so gestalten, dass der Fachkräftebedarf – gerade im IT-Bereich – gedeckt wird. Und wir müssen Neuunternehmern auch mal erlauben, dass sie scheitern, und ihnen dann eine zweite Chance geben. Als «gescheiterter Unternehmer» wird man bei uns immer noch stigmatisiert. Das ist falsch. Die USA haben uns hier einiges voraus, denn dort wird Scheitern als Ansporn genommen, es beim zweiten Versuch besser zu machen.

All das bedeutet für mich Industrie 4.0: eine Wirtschaft im digitalen Zeitalter, in der klare Regeln gelten, in der wir auf unsere starke Industrie bauen können und in der Kreativität und Erfindergeist weiterhin den Wirtschaftsstandort Deutschland auszeichnen. Wir müssen sicherstellen, dass wir in unserem Land die Weichen in Richtung Zukunft stellen. Auch im digitalen Zeitalter soll «Made in Germany» ein Gütesiegel bleiben, das für gute Produkte steht und für ein Wirtschaftsmodell, in dem Arbeitnehmer und Arbeitgeber zusammenarbeiten. Wir haben ein einzigartiges Erfolgsmodell, um das uns andere Länder beneiden. Ja, in Kalifornien sitzen die großen Internetkonzerne. Aber die Unternehmen, die die besten Autos – ob mit Verbrennungsmotor oder elektrisch betrieben –, die effizientesten Maschinen und die modernsten Windkraftanlagen bauen, haben ihren Sitz in Deutschland. Das wird so bleiben, wenn wir uns anstrengen. Und dabei mit Stolz auf unsere Stärken blicken.

KAPITEL 7

Bildung macht das Leben bunt

E s ist wahr, wenn man sagt, dass viele Wege nach Rom führen. Es gibt nicht den einen Weg, der für alle der beste ist, sondern ganz unterschiedliche. Darunter große schöne Straßen mit Namen berühmter Herrscher, von Bäumen gesäumt und sauber gepflastert, aber auch Wege, die durch Gebirge führen und staubig und beschwerlich sind. Als junger Mann in der Schule habe ich mich für die letztere Variante entschieden.

Eigentlich hatte ich alle Chancen. Ich wuchs zwar in keinem reichen Haushalt auf, bei uns war öfter das Geld knapp, aber wir hatten einen wirklich wunderbaren familiären Zusammenhalt. Ich konnte Fußball spielen, ich konnte zur Schule gehen. Kein Grund, sich zu beschweren. Eigentlich. Als junger Mensch ist es nicht leicht, das zu erkennen oder gar dankbar zu sein. Denn man kennt ja nicht die Alternativen. Ich sah das nicht. Ich sah nur, dass die harten Anforderungen auf dem Gymnasium der Spiritaner, auf das ich ging, nicht zu meinem Naturell passten. Ich war ein Typ, der diskutieren wollte und sich nicht mit einfachen Antworten zufriedengab. Die meisten Lehrer waren vom alten Schlag, für sie zählte vor allem der Respekt vor der Autorität. Es gab nur eine Quelle der Lehre: den Lehrer. Und den galt es nicht in Frage zu stellen.

Auch die Methodik war klassisch. Es gab einen klaren Lehrplan, und an den hatte man sich zu halten. Ich war dem Wort zugewandt, man könnte sagen, ich war in gewisser Weise sprachbegabt und sehr interessiert, hier meine Fähigkeiten zu entwickeln. Aber praktisch, nicht theoretisch. Die Grammatik trocken aus dem Buch zu lernen, fesselte mich nicht. Eher fuhr ich per Anhalter in das benachbarte Belgien und setzte mich in eine Pommesbude, um mit den Leuten zu sprechen. Auf diese Weise habe ich Französisch gelernt und auch etwas Niederländisch. Ich lernte für mich, aber nicht programmkonform.

Ich eckte an, geriet in Streit mit meinen Lehrern. Wollte Fußballprofi werden, obwohl das außerhalb des Erreichbaren lag. Reagierte trotzig, rebellierte, schwänzte die Schule. Das alles führte dazu, dass es irgendwann sehr schwierig wurde, die Jahre erfolgreich abzuschließen. In der elften Klasse war es dann zu Ende. Nachdem ich das zweite Mal sitzengeblieben war, ging ich endgültig von der Schule ab. Mit mittlerer Reife zwar, aber ohne Abitur.

Es war in diesem System nicht möglich, einen Querkopf wie mich zu integrieren. Ich habe oft darüber nachgedacht, weil diese Erfahrung ja meine Jugend und mein späteres Leben geprägt hat. Ich hatte Glück, dass mir meine Neigung zum Lesen einen zweiten Bildungsweg eröffnete. Der Direktor des Gymnasiums, Pater Schmitz, vermittelte mir eine Ausbildungsstelle in einer Buchhandlung in Aachen, die das Kloster mit Büchern belieferte. Für mich als Bücherwurm, der ich schon immer gewesen war, war das ein Glücksfall. Ein Glücksfall war auch, dass die Ausbildung zum Buchhändler damals ein wahres Studium generale war. Wir mussten die deutsche, europäische und internationale Literatur kennen. Quer durch alle Epochen. Dazu die Wissenschaftssystematik und Buchführung. Am Ende der Ausbildung waren wir wandelnde Klappentexte von Tausenden von Werken. Ich habe nie studiert, aber was ich dort in der Ausbildung lernte, war eine solide Basis für mein späteres Leben.

Das war also mein Weg: über Umwege zum Wissen. Für die meisten, die derart aus dem Schulsystem aussteigen, ist dies ein Hindernis für einen erfolgreichen Karriere- und Lebensweg. Nicht jeder, der sich aus purem Starrsinn vom regulären Bildungsweg verabschiedet, bekommt eine solche Chance. Ich habe sie bekommen und bin noch heute dankbar dafür. Für mich ergibt sich aber aus dieser Geschichte eine Aufgabe: Wir müssen darum kämpfen, dass niemand aus unserem Schulsystem frühzeitig herausfällt, weil die Förderung fehlt, weil man einfach aneinander vorbeiredet oder weil Talente verkannt werden. Es ist schon vieles besser geworden seit den siebziger Jahren, in denen ich diese Erfahrungen machte. Man kann nicht die siebziger Jahre mit dem Beginn des 21. Jahrhunderts vergleichen, das ist mir klar. Aber vieles bleibt selbst heute noch zu tun. Denn eine gute Bildung wird immer wichtiger. Nicht nur für den Arbeitsmarkt, sondern auch für den Erhalt unserer demokratischen Gesellschaft.

Bildung und Demokratie

Nur wer Bildung erwirbt, kann wirklich voll am gesellschaftlichen Leben teilnehmen. Denn nur wer weiß, worum sich öffentliche Debatten drehen, versteht die Positionen und Argumente, die dahinterstecken – vielleicht sogar die Interessen. Der Erwerb von Wissen ist eine Grundvoraussetzung für die demokratische Teilhabe von aufgeklärten Bürgerinnen und Bürgern. Somit hat Bildung eine sehr politische Rolle. Oft wird Bildung aber als ausschließlich kultureller Prozess definiert: Ich erwerbe Bildung, indem ich Sprachen erlerne, indem ich Literatur konsumiere und lerne, sie zu verstehen, indem ich die Malerei schätze, die Bildhauerei, ins Theater gehe, mir Filme angucke, Musik höre. All das wird durch unseren traditionellen Bildungskanon in die Bildung hineingenommen. Gebildete Menschen haben diese Dinge zu kennen.

Ich finde, Bildung muss aber schon früher ansetzen. Bildung ist auch soziale Bildung und – so pathetisch das klingen mag – ebenso Herzensbildung. Sie vermittelt Wissen, Wissen über die Welt, über das Leben, über die privaten und die öffentlichen Angelegenheiten. Durch diesen Wissenserwerb wird die Teilhabe am öffentlichen Leben und damit auch die Teilhabe an der Macht ermöglicht. Es ist extrem wichtig, diese beiden Elemente zusammenzuhalten, weil wir sonst einem eindimensionalen Bildungsideal folgen. In den vergangenen Jahrhunderten war Bildungspolitik aber immer auch ein Herrschaftsinstrument einer Oberschicht. Zum Erhalt der Macht sollten nur wenige Wissen erwerben und möglichst viele unwissend bleiben. Das ist eine der Erklärungen, warum wir ein kastenmäßiges Bildungssystem mit der Volksschule, mit der Mittelschule, mit den Gymnasien und mit der Universität hatten, warum Professoren- und Generalssöhne zur Universität gingen und Arbeiterkinder nach der Volksschule arbeiten mussten.

Die Sozialdemokratie war deshalb immer schon auch eine Bildungsbewegung. Die Arbeiterbildungsvereine hießen deshalb so, weil sie den Wissenserwerb zur Teilhabe an der demokratischen Gesellschaft in den Mittelpunkt stellten. Die Arbeiter, die für das Land schufteten, sollten nicht von den wichtigen Entscheidungen ausgeschlossen werden. Für die Sozialdemokraten war das das erste Ziel von Bildung. Sie konnten es sich nicht leisten, *semper bonis artibus*, immer den Schönen Künsten nachzueilen. Sie konnten es sich aber auch nicht leisten, Entscheidungen, die ihr Leben unmittelbar betrafen, an sich vorbeiziehen zu lassen. Bis heute bleibt für Sozialdemokraten die Bildung der Schlüssel zur demokratischen Teilhabe und zu einem selbstbestimmten Leben.

Deshalb ist die Gebührenfreiheit von der Kita bis zur Universität, wie wir sie fordern, keine Frage von Wahlgeschenken oder exzessiver Ausdehnung des Sozialstaats, sondern eine zentrale Gerechtigkeits-, Zukunfts- und Demokratiefrage. Wenn nämlich unser Anspruch, dass nicht der Geldbeutel der Eltern über die Zukunft der Kinder entscheiden darf, tatsächlich realisiert werden soll, dann müssen wir für einen unbehinderten, gleichberechtigten Zugang zur Bildung von der Kita bis zur

Uni, zur Meisterprüfung, zur Berufsausbildung und zu Technikerkursen sorgen. Für einen Zugang, der jedem und jeder gleich offensteht.

Bildung muss also definiert werden als die Grundvoraussetzung zum Wissenserwerb. Es gilt der alte Satz: Wissen ist Macht. Je mehr Menschen Wissen haben, desto weniger ist es die Macht der wenigen, desto breiter gestreut ist die Machtteilhabe. Daraus entsteht demokratische Teilhabe. Wer gleichberechtigten Zugang zu einem auf Wissenserwerb aufbauenden Bildungssystem hat, kann am Ende ein aufgeklärter Bürger in einer demokratischen Gesellschaft werden, der an der kulturellen Entwicklung dieser Gesellschaft aktiv oder passiv teilnimmt – je nachdem, wie er sich entscheidet.

Heute gilt dies umso mehr auch im digitalen Raum. Die Gefahr eines technologischen Totalitarismus habe ich im vorhergehenden Kapitel beschrieben. Für die Bildung ergeben sich daraus ganz spezifische Imperative, denn wir haben die Gefahr, dass die Verfügbarkeit von Wissen in den Händen weniger eine Art totalitäre Entwicklung beinhaltet, eigentlich schon erkannt. Jetzt gilt es, daraus die richtigen Schlüsse zu ziehen. Dies fordert uns auf mehreren politischen Ebenen. Ein großer Teil eines erfolgreichen Umgangs mit dem Netz wird aber bei allem politischen Ehrgeiz Aufgabe und Herausforderung für den einzelnen Nutzer bleiben. Der digitale Raum ist unendlich und niemals vollständig regulierbar und kontrollierbar. Es wird deshalb mehr denn je auf mündige Bürgerinnen und Bürger ankommen, die ihre Rechte und Pflichten im Netz kennen.

Ich bin überzeugt: Was wir brauchen, ist nicht weniger als eine zweite Aufklärung für die digitale Welt. Der selbstbestimmte, aufgeklärte, souveräne Umgang mit dem Netz muss von Grund auf erlernt werden. Wir brauchen eine digitale Pädagogik und digitale Bildungsstandards. Denn digitale Kompetenzen – wie Grundkenntnisse des Programmierens und der Funktionsweise von Algorithmen – sind genauso elementar wie Lesen, Rechnen und Schreiben. Und wir dürfen nicht vergessen, dass dies nicht nur wichtig für unsere Kinder ist, sondern ebenso für ältere Menschen. Auch diese müssen Zugang zu solchen Lernangeboten haben. Denn wenn es bedingt durch den digitalen Raum erneut eine Gruppe von Mündigen, von Wissenden gibt, die andere, Unwissende, unterdrücken, dann sind wir wieder bei den allgemeinen Kämpfen der Arbeiterbewegung des 18., 19. und 20. Jahrhunderts. Auch im Digitalen geht es nämlich um die Beseitigung von Ungleichheiten, um die Garantie eines demokratischen Raums, in dem mündige Menschen an der Ausübung der Macht teilnehmen. Wissen ist auch hier Macht – und Unwissenheit Machtlosigkeit. Bildungspolitik wird dabei eine zentrale Rolle spielen müssen.

Was haben Kunst und Kultur
mit Bildung und Demokratie zu tun?

Wenn ich davon spreche, dass der erste Sinn der Bildung immer der Wissenserwerb sein muss und die Arbeiterbewegung es sich nicht leisten konnte, nur immer den

Schönen Künsten nachzueilen, dann will ich damit in keiner Weise sagen, dass Kunst und Kultur und der Erwerb der Fähigkeit, Kunst und Kultur zu verstehen und zu schätzen, nicht wichtig sind und keine Rolle spielen sollten. Im Gegenteil.

Kunst und Kultur sind ein Ausdruck gesellschaftlicher Debatten und Prozesse. Die Literatur, der Film, das Theater und die Malerei, die Bildhauerei, der Tanz und die Fotografie – sie alle sind Resonanzböden unseres wirklichen Lebens. Sie reflektieren, was wir erleben. Als Individuum und als gesamte Gesellschaft. Das Ergebnis dieser Reflexion fließt wiederum in unser eigenes Leben ein. Man kann also sagen, dass es einen permanenten Austausch gibt zwischen unserem Leben und der Kunst. Wir werden zu Kunst, und die Kunst wird Teil von uns. Unser Leben ist also Teil der Kultur unserer Gesellschaft.

Das, was ich beschreibe, ist ein Austausch. Manchmal ist dieser nicht sichtbar, aber er findet statt. Wir stoßen in der Kunst auf etwas, das uns aufwühlt, berührt oder zum Nachdenken anregt. Das geschieht oft erst im Inneren. Aber wenn es nach außen getragen wird, beginnt in der Regel eine Debatte. Der Übergang von persönlicher Betroffenheit und gesellschaftlichem Diskurs ist fließend. Und so ist Kunst auch immer, ob gewollt oder nicht, Politik.

Wo das gilt, da muss auch der gleiche und offene Zugang zu diesem Teil unserer Willensbildung gefördert werden. Ja, kulturelle Partizipation ist wichtig und muss als Kompetenz erlernt werden. Hier sind wir wieder bei der Bildung, die durch Wissensvermittlung die Grundlagen für alle schaffen muss, an dieser Debatte teilzunehmen. Denn je breiter eine Gesellschaft in diesem Wissenserwerb über Bildung aufgestellt ist, desto größer wird der Resonanzboden für Kultur.

Wir beschreiben heute Hochkulturen als Gesellschaften, in denen ein gewisser Grad an Kultiviertheit erreicht worden ist. Was bedeutet das? Es bedeutet, dass neben der gesicherten Versorgung der Bevölkerung ein erhöhter gesellschaftlicher Austausch stattgefunden hat. Eine erhöhte Interaktion zwischen der Gesellschaft im Alltag und den Künstlern und Wissenschaftlern, die in dieser Gesellschaft lebten. Je mehr Zeugnisse dieser Interaktion wir heute noch kennen, desto entschiedener bezeichnen wir diese Gesellschaften als Hochkultur. Es zeigt, welchen Stellenwert wir Kunst und Kultur geben, wenn wir in die Vergangenheit blicken. Diese Wertschätzung würde ich mir allerdings auch in der Gegenwart wünschen.

Bildungsoffensive jetzt!

Bildung kann den Zugang zu Kultur erweitern. Bildung kann den Grad unserer demokratischen Teilhabe bestimmen. Unsere Bildung beeinflusst ganz stark unseren persönlichen beruflichen Erfolg. Unsere Bildung entscheidet nicht selten darüber, an welchem Platz in unserer Gesellschaft wir landen. Bildung ist von übergeordneter Wichtigkeit: Sie ist eine soziale Frage. Sie ist eine arbeitsmarktpolitische Frage. Sie ist eine demokratische Frage. Sie ist eine Frage der Gerechtigkeit.

Aus meiner eigenen Erfahrung weiß ich, wie wichtig der Zugang zu Bildung ist. Und zwar auf dem klassischen, schulischen Weg, aber auch auf anderen Pfaden. Keiner dieser Pfade sollte blockiert sein. Vielmehr sollten wir sie gemeinsam freiräumen. Jeder sollte seine Talente an der besten Stelle einbringen und entwickeln können. Bildung im 21. Jahrhundert muss frei zugänglich sein. Darüber hinaus müssen wir die unterstützen, die sich trotz dieser Gebührenfreiheit Bildung nicht leisten können. Das Bafög ist eine sozialdemokratische Erfolgsgeschichte. Wir sollten es stärken und weiterführen, mit einem Schüler- und Meisterbafög.

Unsere Schulen müssen wir sanieren und modernisieren. Ich habe viele Schulen in Deutschland besucht und dort Licht und Schatten gesehen. Da gab es schöne Gebäude, von innen und von außen. Dort waren auch die Lernmaterialien auf neuestem Stand und zur Genüge vorhanden. Da gab es Pausenhöfe mit Bäumen und saubere Toiletten. Ich habe allerdings auch das Gegenteil gesehen. Schulen, in denen buchstäblich der Putz von der Decke bröckelte. Wenn uns Bildung wirklich so wichtig ist, dann dürfen wir solche Situationen nicht zulassen. Ich möchte mich nicht damit zufriedengeben zu sagen, dass Bildung Länderkompetenz ist. Denn wenn die Kommune nicht genügend Geld für die Sanierung hat, wenn das Land nicht einschreitet, wenn alle freiwilligen Aktionen und Elterninitiativen am Ende sind, dann muss der Bund doch einschreiten können. Gute Schulen im ganzen Land müssen für einen Bundeskanzler nicht nur klare Verantwortung, sondern eine Herzensangelegenheit sein. Deshalb haben wir das Kooperationsverbot aufgebrochen. Wir brauchen ein bundesweites Schulsanierungsprogramm, und darüber hinaus brauchen wir ein Schulmodernisierungsprogramm. Eigentlich müsste doch die Schule in jedem Ort das schönste und bestausgestattete Gebäude sein. Unsere Bildungseinrichtungen – die Kitas, die Kindergärten, die Schulen, die Universitäten – sind die Zentren unserer Zukunft.

Das gilt auch für Berufsschulen. Diese werden heute leider immer noch ein bisschen als Schulen zweiter Klasse betrachtet. Sind sie aber nicht. Sie sind unverzichtbar für unser Land. Denn es gibt viele Menschen, denen das Praktische viel mehr liegt als das Theoretische. Ihnen verdanken wir unseren Erfolg als Land der Meister des Handwerks, der Qualitätsarbeit und der Marke «Made in Germany». Sie zu fördern heißt: die Bedingungen für unseren Erfolg zu erhalten. Deshalb will ich einen Pakt zwischen dem Bund, den Ländern und der Wirtschaft schließen. Für eine bessere Ausstattung der Berufsschulen und für eine Stärkung unseres Systems der dualen Ausbildung, um das uns so viele andere Länder beneiden. Wer eine Ausbildung macht, der soll gute Lernbedingungen haben. Der soll aber auch für die geleistete Arbeit im Betrieb so entlohnt werden, dass davon ein vernünftiges, autonomes Leben möglich ist. Deshalb muss es eine Mindestausbildungsvergütung geben; tarifvertragliche Lösungen haben natürlich immer Vorrang.

Und noch etwas ist mir wichtig: Lehrerinnen und Lehrer müssen den Respekt bekommen, den sie verdienen. Denn sie sind es, die für den Lernerfolg unserer Kinder verantwortlich sind. Damit üben sie einen der wichtigsten Berufe in unserer Gesellschaft aus. Und wir – die

Gesellschaft wie die Politik – übertragen den Lehrkräften immer neue Aufgaben: Sie sollen nicht nur Wissen vermitteln, sondern auch erziehen. Sie sollen jedes Kind individuell fördern. Sie sollen auch bei der Integration helfen und immer neue Kompetenzen vermitteln. Lehrer zu sein, kann einer der schönsten Berufe sein, aber auch einer der anstrengendsten. Die Erwartungen sind hoch: von den Kindern, von den Eltern und auch von der staatlichen Seite. Wir müssen alles dafür tun, die Lehrer bei ihren wachsenden Aufgaben zu unterstützen. Sie konstant weiterbilden und fördern. Der Lehrerberuf muss den Stellenwert als zentraler Zukunftsberuf haben, den er verdient.

So wie unsere Bildung all unsere Lebensbereiche betrifft, so muss auch unsere Förderung und Unterstützung alle Bereiche der Bildung betreffen. Niemand darf bei uns zurückbleiben. Wir wollen ein Land der Chancen sein. Egal, ob ich besonders gerne Brötchen backen, Bücher verkaufen oder Nanolaser bauen möchte – ich muss die Chance haben, dieses Talent zu entwickeln. Ich muss auch die Gewissheit haben, dass Scheitern vorkommen kann. Dass es nicht bloß einen Weg für mich gibt, sondern mehrere. Denn nur mit dieser Sicherheit kann ich wagen, die Person zu werden, die ich sein will. Und als diese Person ein wichtiger Teil einer vielfältigen, demokratischen Gesellschaft werden. Einer Gesellschaft, die keine Gesellschaft der Machtlosen ist, sondern eine Gesellschaft der Aufgeklärten und Mündigen aller Couleur und aller Berufe. So stelle ich mir Bildung in Deutschland vor. Denn Bildung macht das Leben bunt.

KAPITEL 8

Sicherheit und Zusammenhalt

Erschütterung

E s ist der 9. Januar 2015. Die Nachricht trifft uns alle ins Mark: Geiselnahme in einem jüdischen Supermarkt in Paris. Nicht schon wieder, denke ich. Zwei Tage zuvor war das Büro des Satiremagazins «Charlie Hebdo» von zwei islamistischen Terroristen gestürmt worden. Sie hatten in der Redaktion ein Blutbad angerichtet; jeden erschossen, der sich im Raum befand. Ohne zu zögern. Vor der Tür einen Polizisten hingerichtet, der schon am Boden lag. Ein Kopfschuss im Vorbeigehen. Die Bilder, die später durch die Medien rauschten, zeigten eines: Ein Menschenleben zählte für die beiden Angreifer nichts. Sie waren gekommen, um zu töten. Ohne Pardon. Ohne Gnade. Nicht nur Frankreich wurde an diesem Tag von einer Schockwelle erfasst. Sie erfasste uns alle in Europa. Sie erfasste auch mich und mein Team.

Das war der 7. Januar. Die Täter konnten fliehen, es folgte eine Hetzjagd durch das ganze Land. Am 8. Januar wurde eine Polizistin, wieder in Paris, auf offener Straße erschossen. Am 9. Januar wurden die Täter dann gefunden, sie verschanzten sich in einer Druckerei. Am selben

Tag kam es zur Geiselnahme. Amedy Coulibaly, ein vom sogenannten Islamischen Staat verführter Mann, stürmte schwerbewaffnet einen Hyper-Cacher-Supermarkt, hielt dort Menschen fest und versuchte, die «Charlie Hebdo»-Attentäter freizupressen. Als die Polizisten am Abend fast zeitgleich die Druckerei und den Supermarkt stürmten, waren vier jüdische Menschen schon tot. Die ersten Tage 2015 waren der Auftakt eines schrecklichen Jahres, das wie kein anderes in unserer jüngeren Geschichte von Terror geprägt war.

Das Gefühl der Verunsicherung, es ist seit langem da. Der Terror gehört mittlerweile zu unserem Alltag. Mal geschieht ein Anschlag weiter weg, mal ganz nah. Im März 2016 war ich noch im Europaparlament tätig. In diesem Monat sprengten sich zwei Selbstmordattentäter am Brüsseler Flughafen in die Luft. Nur etwa eine Stunde später ein dritter an der Metrostation Maelbeek, nur wenige hundert Meter entfernt von meinem damaligen Arbeitsplatz. Brüssel war von einem Tag auf den anderen ein Hochsicherheitstrakt. Straßen wurden gesperrt, überall war Militär. Es gab Ausgehsperren. Es war das erste Mal, dass ich ein Land im Ausnahmezustand erlebt habe.

Wenn man heute in Brüssel oder in Paris unterwegs ist, dann sieht man immer noch schwerbewaffnete Soldaten und Polizisten, die in den Straßen und Gassen patrouillieren. Man sieht Militärkonvois, die durch die Stadt fahren. Auch in Deutschland haben wir zum Beispiel die Bewaffnung der Polizei aufgestockt. Das vermittelt einerseits ein Gefühl der Sicherheit. Andererseits ist es kein beruhigender Anblick, wenn schwerbewaffnete Kräfte an öffentlichen Plätzen patrouillieren. Auch das verunsichert. Und wir alle wissen, dass nie genug Kräfte da sein können, um jeden Anschlag zu verhindern. Es wird immer unbewachte Orte geben. Es wird auch immer Waffen und Gegenstände geben, mit denen Terroristen andere Menschen verletzen können. Gerade in diesen Tagen, in denen vermehrt Fahrzeuge für Terroranschläge benutzt werden. Einen Universalschutz gegen Terroranschläge gibt es nicht. Den gäbe es nur, wenn jeder Mensch zu hundert Prozent kontrolliert werden könnte, was ohnehin unmöglich ist. Würde man dies dennoch versuchen, wäre das das Ende der freien Gesellschaft. Diesen Sieg dürfen wir den Terroristen nicht gönnen.

Was aber können wir tun, um gegen das Gefühl der Verunsicherung anzugehen? Wie schaffen wir wieder mehr Sicherheit? Wie schaffen wir wieder mehr Vertrauen? Wie reagieren wir als Gesellschaft auf solche Attacken?

Vertrauen

Die Menschen, die Terroranschlägen zum Opfer fallen, sind unbeteiligt und unschuldig. Sie sind einfach nur zur falschen Zeit am falschen Ort. Es geht den Terroristen nicht um die Menschen, die sie treffen. Es geht ihnen um die symbolische Kraft ihres Anschlags. Um die Schockwellen, die dieser erzeugt. Wie ein Stein, den man in einen Teich wirft und der dann nach allen Richtungen Wellen schlägt. Terroristen wollen Zweifel und

Misstrauen säen. Misstrauen gegenüber unserer Gesell-
schaftsform, unseren Werten, unserer Kultur, unseren
Institutionen. Vor allem aber Misstrauen anderen Menschen gegenüber. Wenn sie es schaffen, dass bestimmte
Menschengruppen pauschal verdächtigt oder verurteilt
werden und sich ständig gegen ein generelles Misstrauen
wehren müssen, dann haben sie ihr Ziel erreicht. Die
Terroristen wollen, dass unser stabiles soziales Gefüge
Risse bekommt. Risse, in denen der Hass gedeihen kann.
Das ist ihre Zermürbungsstrategie. Damit wir uns immer weiter voneinander entfernen und uns irgendwann
gegenseitig zerfleischen.

Diese Strategie ist besonders dort gefährlich, wo
sich Gesellschaften im Wandel befinden und gerade
noch dabei sind zusammenzuwachsen. Gesellschaften,
in denen es viele neue Mitglieder gibt. Wie bei uns in
Deutschland, wo wir seit 2014 mehr als eine Million
Flüchtlinge aufgenommen haben. Hinzu kommt die
Nettoeinwanderung abseits vom Asyl. Es ist unbestritten, dass dies für uns eine Herausforderung ist. Denn all
diese Menschen müssen wohnen. Sie müssen essen. Sie
wollen arbeiten. Die Kinder müssen zur Schule gehen.
Gefordert sind besonders unsere Kommunen, finanziell
wie strukturell. Aber auch zwischenmenschlich kann es
Schwierigkeiten geben. Die Leute, die zu uns kommen,
sind oft traumatisiert, stammen aus völlig verschiedenen Kulturkreisen und sprechen meistens nicht unsere
Sprache. Das kann zu Missverständnissen und auch zu
Reibung führen. Das ist ganz normal und Teil eines Pro-
zesses. Für beide Seiten. Es braucht Zeit, um Vertrauen
zwischen Menschen aufzubauen. Und es braucht funk-

tionierende Strukturen, damit die Integration und das Miteinander funktionieren können. Für mich war es ein Ruhmesblatt, wie sich die Menschen an den Bahnhöfen in München, Dortmund und anderswo für Flüchtlinge eingesetzt haben, und es ist beeindruckend, dass sich Tausende dauerhaft in Flüchtlingsinitiativen einsetzen. Diese Bilder von Deutschland sind um die Welt gegangen, und sie können uns stolz machen.

Gerade aber in dieser Phase wurde auch Deutschland seit Beginn des Jahres 2016 von einer Reihe islamistisch motivierter Anschläge erschüttert. Viele der Terroristen, die in den letzten Jahren barbarische Attentate in Europa verübt haben, sind in Europa aufgewachsen. Das ist eine beunruhigende Nachricht. Denn wie kann es sein, dass ein junger Mann, der in einer freien und toleranten Gesellschaft aufwächst, zu einer solchen Tat fähig ist? Darüber werden wir nachdenken müssen. Und auch darüber, warum wir bei der Integration teilweise gescheitert oder nicht so weit vorangekommen sind, wie das notwendig wäre.

Unter den Tätern in Deutschland waren auch Menschen, die vorgegeben hatten, bei uns Schutz zu suchen. Das ist besonders schmerzhaft, weil neben dem Verbrechen zusätzlich ein humanitäres System und die freie Gesellschaft diskreditiert werden sollen. Das Gefühl, dass jemand vortäuscht, hilfebedürftig zu sein, aber eigentlich nur Böses im Sinn hat, ist schwer zu ertragen. Es verletzt und macht wütend. Auch mich. Ebendeshalb ist die Reaktion, die die Menschen in unserem Land auf die Terroranschläge gezeigt haben, besonders bemerkenswert und stark. Wir Deutschen haben uns mehrheitlich entschlossen, solidarisch zusammenzustehen, anstatt panisch nach Sündenböcken zu suchen. Wir haben uns entschlossen, nicht von kaum einer Handvoll Personen auf eine Gruppe von Hunderttausenden zu schließen. Wir haben uns entschieden, zu unseren Werten von Freiheit, Toleranz und Solidarität zu stehen, auch in Zeiten, in denen sie am meisten herausgefordert sind.

In diesem Zusammenhang denke ich immer wieder an die Worte des damaligen norwegischen Ministerpräsidenten und heutigen NATO-Generalsekretärs Jens Stoltenberg zurück, der nach den furchtbaren Anschlägen auf das Feriencamp der Jugendorganisation der norwegischen Arbeiterpartei auf der Insel Utøya sagte: «Noch sind wir geschockt, aber wir werden unsere Werte nicht aufgeben. Unsere Antwort lautet: mehr Demokratie, mehr Offenheit, mehr Menschlichkeit.» Ich habe die Insel Utøya im Dezember 2012 besucht und mit Überlebenden des damaligen Anschlags gesprochen. Das war ein erschütternder Besuch, und die Kraft der jungen Leute, die diesen schrecklichen Terroranschlag erleben mussten, war beeindruckend.

Es gibt sie natürlich: die, die den Terroristen auf den Leim gehen und Terroranschläge für ihre Rhetorik des Gegeneinander und der Ausgrenzung instrumentalisieren. Ich habe aber das Gefühl, dass sie stark in der Minderheit sind. Auch habe ich das Gefühl, dass es immer mehr mutige Menschen gibt, die hetzerische Aussagen nicht einfach so stehenlassen und ihnen widersprechen. Auf der Straße, aber auch im Netz. Für diese Menschen ist klar, dass unsere Gesellschaft auf gegenseitigem Vertrauen gebaut ist. Dieses gegenseitige Vertrauen darf man nicht leichtfertig aufs Spiel setzen. Denn es ist der Kitt, der unsere Gesellschaft zusammenhält.

Hoffnung

Warum habe ich zu Beginn den Anschlag auf den Hyper-Cacher-Supermarkt in Paris hervorgehoben und nicht einen der vielen anderen Anschläge der letzten Jahre? Weil ich Ende 2015 in der Fernsehsendung «Menschen 2015» einen Mann treffen durfte, der uns allen ein echtes Vorbild sein kann. Lassana Bathily war vierundzwanzig Jahre alt, als Coulibaly am 9. Januar 2015 in den Supermarkt stürmte, in dem er arbeitete. Ein in Mali geborener Muslim, in einem jüdischen Supermarkt angestellt. Ausgerechnet aus einem Nachbardorf der Familie Coulibaly stammend. Bathily wurde am 9. Januar zum Helden: Als Coulibaly den Supermarkt betrat, räumte Bathily gerade Kartons im Keller ein. Auf einmal stürmten Kunden auf ihn zu. Er hörte lautes Knallen. «Ein Terrorist ist im Laden», schrien die Leute. Bathily reagierte schnell, bot an, die Menschen mit dem Lastenaufzug nach draußen zu bringen. Die aber hatten Angst, dass ihnen dort jemand auflauert. Da zeigte er ihnen einen Kühlraum, den man von innen versperren konnte. Dort waren sie sicher. Sechs Menschen, darunter ein Baby. Er selbst gelangte mit dem Lastenaufzug nach draußen und half der Polizei, die Erstürmung vorzubereiten. Denn er kannte die Räumlichkeiten wie kein Zweiter. Vier Stunden danach war klar: Der junge Lassana Bathily, ein muslimischer Mann aus

Mali, hatte mitgeholfen, fünfzehn Geiseln aus der Gewalt Coulibalys zu befreien. Er, der sich fast neun Jahre über die meiste Zeit als illegaler Einwanderer durchs Leben geschlagen hatte, war plötzlich der Held der Nation.

Bathily selbst hat diese Zuschreibung immer abgestritten. Er sagte mir, als ich ihn traf, dass er kein Held sei. Er sei einfach nur Lassana. Alles, was er getan habe, sei völlig menschlich. Nicht mehr und nicht weniger. Er erzählte mir auch, dass er manchmal gefragt werde, warum er denn Juden geholfen habe. Vor allem, da er doch Muslim sei. Er hat dann ganz nüchtern und ohne jedes Pathos gesagt, dass es für ihn keine Rolle spiele, welcher Religion man angehöre. In dem Dorf in Mali, in dem er aufgewachsen ist, habe es sowohl Muslime als auch Christen gegeben. Sie trugen dieselben Kleider, lernten, arbeiteten und lebten zusammen. Selbst religiöse Feste wurden zusammen gefeiert. Warum sollte er da auf einmal etwas gegen Juden haben.

Am 15. Januar rief Frankreichs Präsident François Hollande bei Lassana Bathily an. Hollande sagte, er sei froh, Bathily mitteilen zu dürfen, dass seinem Antrag auf die französische Staatsbürgerschaft stattgegeben wurde. In seinem Buch, in dem Bathily die Erlebnisse dieses Tages noch einmal aufgearbeitet hat, habe ich die Dankesrede gefunden, die er fünf Tage später bei der Zeremonie zur Verleihung der Staatsbürgerschaft hielt. Ich will hier eine kleine Passage übersetzen:

«Heute Abend möchte ich den Familien und Freunden, die ihre Liebsten bei diesen Attentaten verloren haben, mein aufrichtiges Beileid aussprechen.

Ich möchte, dass es jeder versteht: Ich will mein normales Leben wiederfinden. Ich muss zu meiner Familie in Afrika gehen, um zur Ruhe zu kommen. Ich brauche ihren Rat, ihre Sichtweise und ihren Segen. Ich muss einen Schritt zurück machen, an morgen denken, an die Zukunft.

Jetzt muss ich an Projekte denken, die meiner Familie helfen, meinem Dorf. Ich will die Jungen unterstützen, die sich in Frankreich integrieren wollen.

Ich kann nur hoffen, auch morgen so unterstützt zu werden, wie ich es heute werde.

Ich danke Ihnen allen, heute Abend so zahlreich erschienen zu sein.

Ich bin so froh, die doppelte Staatsbürgerschaft zu haben.

Es lebe die Freiheit. Es lebe die Freundschaft. Es lebe die Solidarität. Es lebe Frankreich.»

Egal, ob man ihn einen Helden nennen mag oder nicht: Mich hat dieser Mann beeindruckt. Weil er ein aufrichtiger Mann ist. Und weil er zeigt, wie es gehen kann als neuer Bürger in einem neuen Land. Man muss nicht seine Heimat vergessen und hinter sich lassen. Man kann mit einem Teil seines Herzens dort bleiben. Dieses Recht darf niemand anzweifeln. Eine Zwangsintegration wird niemals funktionieren, weil niemand bestimmen kann, wo sich jemand wirklich zu Hause fühlt. Aber wenn man den Schritt in ein neues Land tut, dann muss man auch bereit sein, sich diesem zu öffnen. Von den Menschen dort zu lernen und zu versuchen, gut mit ihnen zusammenzuleben. Menschen, die das wollen und die das auch zeigen, dürfen nicht ewig in Illegalitätsfallen stecken bleiben. Viele Jahre war Bathily illegal in einem Land, das er schon lange als zweite Heimat betrachtete. Solche Situationen dürfen nicht entstehen. Menschen wie er müssen den Respekt erwarten können, den jeder andere in der Gesellschaft erwarten kann. Auch sie müssen eine Chance bekommen.

«Liberal, aber nicht doof»

Es darf bei uns keine Schattengesellschaften geben. Immer wieder ist zu sehen: Die, die Böses tun, die Verbrechen begehen, Terroranschläge verüben, diese Menschen sind oft in Milieus abseits der Gesellschaft unterwegs. In Parallelgesellschaften oder gar ganz isoliert. Genau deshalb spreche ich, wenn ich von Sicherheit spreche, immer in erster Linie von der Gesellschaft und ihrer Geschlossenheit. Deshalb habe ich die Haltung der Deutschen hervorgehoben, die eben nicht zuließen, dass unsere Gesellschaft gespalten und Menschen an den Rand gedrängt wurden. Wir haben uns dem mit Mut und Zuversicht entgegengestellt. Wenn wir eng zusammenstehen, dann entdecken wir schneller, wenn jemand nicht nach den Regeln spielt. Wie die Flüchtlinge, die in Leipzig den Terrorverdächtigen, al-Bakr, in ihrer Wohnung in Chemnitz übermannt und gefesselt haben und somit den Polizeikräften dessen Festnahme ermöglichten. Sie waren ganz nah dran, erkannten die Gefahr und handelten vorbildlich und richtig.

Eng beieinanderzustehen, ermöglicht uns, Gefahren zu sehen, die schon bestehen und real sind. Es hilft aber auch zu verhindern, dass es überhaupt so weit kommt. Die meisten Terroristen – das müssen wir einfach zur Kenntnis nehmen – sind Menschen, die sich bei uns radikalisiert haben. Oft waren sie gesellschaftlich isoliert und standen am Rand. Extremistische Verführer boten ihnen die scheinbar helfende Hand und führten sie so ins Verderben. Wir dürfen niemanden an diese Verbrecher verlieren. Dies ist eine zentrale Herausforderung, der wir uns alle stellen müssen. Auch die Religionsgemeinschaften, die Schulen, die Familien sind gefragt, aufmerksam darauf zu achten, wenn junge Menschen taumeln und Gefahr laufen, sich in die Hände dieser gewissenlosen Verführer zu begeben. Deshalb lautet mein erster Ansatz zu mehr Sicherheit in unserem Land immer: Integration stärken. Prävention stärken. Deradikalisierungsprogramme stärken. Sozialarbeit stärken. Zu dieser Position gehört auch eine Null-Toleranz-Politik gegenüber den Verführern. Wir müssen extremistische islamistische Moscheen schließen und ihre Finanzierung von vornherein unterbinden. In unserem Land darf gepredigt werden, das ist die Religionsfreiheit. Es darf aber kein Hass gepredigt werden.

Die liberale Demokratie ist die Grundlage unseres Zusammenlebens. Es gilt jedoch auch der Grundsatz, den der Bürgermeister von Hamburg, Olaf Scholz, einmal sehr prägnant formuliert hat: «Wir sind liberal, aber nicht doof.» Das bedeutet, dass unser liberaler Ansatz nicht ausschließt, dass es Grenzen gibt, die nicht überschritten werden dürfen. Und dass wir diese Grenzen auch mit harter Hand verteidigen; zusammen mit der Polizei, den Sicherheitsdiensten und allen Mitteln des Strafrechts.

Ohne dass wir dabei die Freiheit und Liberalität opfern. Die Sozialdemokratie kann das. Das haben Männer wie Helmut Schmidt und Hans-Jochen Vogel bewiesen, die als Kanzler und Justizminister in den 1970er Jahren mit aller Härte gegen die RAF-Terroristen kämpften, ohne dabei den Rechtsstaat preiszugeben. Und das hat zuletzt der langjährige sozialdemokratische Innenminister Otto Schily bewiesen.

Wer die Freiheit und die demokratische Grundordnung unter dem Deckmantel der Religionsfreiheit aushebeln will, wer die ersten zwanzig Artikel unseres Grundgesetzes nicht akzeptiert, der wird mit unserem entschiedenen Widerstand rechnen müssen. Für Terror und Verbrechen gibt es keine Rechtfertigung. Dasselbe gilt für die unsägliche rechtsextreme Gewalt, die in den letzten Jahren enorm zugenommen hat. Es gibt keine Entschuldigung für Brandsätze auf Flüchtlingsheime. Es gibt keine Entschuldigung für Hetzjagden auf Menschen. Und es gibt keine Entschuldigung für feige Morde. Hier werden Grenzen überschritten, die wir verteidigen müssen. Um diesen Widerstand zu leisten, brauchen wir starke Sicherheitsorgane. Deshalb ist es für mich ganz klar, dass die Polizei in unserem Land wieder gestärkt werden muss. Nachdem in den vergangenen Jahrzehnten massiv Stellen abgebaut worden sind, muss es nun in die andere Richtung gehen. Außerdem müssen wir dafür sorgen, dass unsere Polizei vernünftig ausgestattet ist. Im digitalen Zeitalter, in dem das Internet zur Plattform für Kriminelle, für deren Vernetzung, Planung und Rekrutierung geworden ist, muss die Polizei auch hier präsent und kompetent sein.

Herausforderungen gemeinsam bewältigen

Ich wurde in Hehlrath geboren, einem kleinen Dorf, das heute ein Stadtteil von Eschweiler ist. Mein Vater war dort Dorfpolizist. Er fuhr mit dem Fahrrad durch die Ortschaft und sorgte für Ordnung. Er verbrachte seine Tage auf der Straße. Führte viele Gespräche, wurde oft zu den Leuten eingeladen. Die Polizeidienststelle, das war unser Wohnzimmer. Wenn es dienstliche Besprechungen gab, mussten wir Kinder ins Nebenzimmer gehen und durften erst wieder ins Wohnzimmer, sobald die Gäste gegangen waren. Der Dorfpolizist erfüllte damals eine sehr soziale Funktion. Er war derjenige, der wusste, was los ist. Der die Probleme der Menschen kannte und bei Fehlern abwägen musste, wie diese zu handhaben waren. Mal reichte ein strenges Wort. Ein anderes Mal führte kein Weg an Disziplinarmaßnahmen vorbei. Fast immer aber wurde sein Urteil akzeptiert. Weil der Respekt vor seiner Rolle und seiner Arbeit selbstverständlich war.

Die Strukturen in unserer Gesellschaft haben sich verändert. Auch die Polizei hat organisatorische Veränderungen erlebt. Ihre Aufgaben sind vielfältiger geworden, die Belastungen haben sich vergrößert, die Aufgabenfülle ist gewachsen. Die Polizei kann heute gar nicht mehr so nah am einzelnen Menschen sein. Wenn man den alten Spruch von der Polizei als «Freund und Helfer» verwenden möchte, dann könnte man sagen, dass sie zu den Zeiten meines Vaters eher der persönliche Freund war und heute eher der effiziente Helfer ist. Das ist auch in Ordnung so und wahrscheinlich im Lichte der Bevölke-

rungsverlagerung in urbane Zentren eine nachvollzieh-
bare Entwicklung.

Was mir aber enorm wichtig ist: Diese Entwicklung
darf nichts am Respekt ändern, den wir der Polizei ent-
gegenbringen. Denn diese Menschen sind jeden Tag
unterwegs, um unser Leben sicherer zu machen. Dasselbe gilt übrigens auch für die Rettungskräfte bei der
Feuerwehr oder den Sanitätern. Es ist unsäglich, dass wir
erleben, wie diese Menschen bei ihrer Arbeit gestört oder
sogar attackiert werden. Hier muss ein Umdenken statt-
finden, und ich bin unserem Justizminister Heiko Maas
sehr dankbar, dass er ein entsprechendes Gesetz vorgelegt hat, damit Angriffe auf Polizisten, Feuerwehrleute
und Rettungsdienste härter bestraft werden. Diese Menschen sind da, wenn niemand anderes helfen kann. In
den schwierigsten und dunkelsten Momenten können
wir ihnen vertrauen. Das ist von unschätzbarem Wert
für die Sicherheit und die Stabilität in unserem Land.

Herausforderungen wird es immer geben. Es liegt
an uns, ob wir sie souverän und gemeinsam bewältigen
oder ob sie uns in die Krise stürzen. Ich möchte das an
einem weiteren Beispiel zeigen: Zu meiner Bürger-
meisterzeit gab es zwischen 1988 und 1989 eine Flücht-
lingswelle aus dem Kongo, aus Burundi und Ruanda.
Ungefähr fünf Jahre vor Ausbruch der Kämpfe im Kongo und dem Genozid in Ruanda hatte sich die Lage in
der Region immer weiter zugespitzt. Wir waren auf
einmal in der Pflicht, mehr als tausend Flüchtlinge auf-
zunehmen. Das schrieb das deutsche Gesetz vor. Es war
eine ähnliche Situation, wie sie heute viele Kommunen
erleben. Innerhalb kürzester Zeit hatten wir eine völlig

neue Herausforderung zu bewältigen. Auch wir waren gezwungen, Turnhallen in Beschlag zu nehmen, leerstehende Gebäude bewohnbar zu machen und Sozialhilfe an mehr als tausend Menschen aus der Stadtkasse auszuzahlen. Auch damals waren die Menschen, die kamen, in der Mehrzahl Männer im Alter zwischen achtzehn und dreißig Jahren. Sie fielen auf und machten nicht wenigen Angst. Diese Angst befeuerte massive Gegenwehr in Teilen der Bevölkerung. Die Situation war angespannt, eindeutig, aber wir haben sie schließlich bewältigt, weil wir zusammengehalten haben. Die Polizei, die uns auch in diesen schwierigen Tagen schützte, die Bürger, die sich ehrenamtlich engagierten, die katholische und die protestantische Kirche, die mir unterstützend zur Seite standen, die Gewerkschaften und auch der damalige nordrhein-westfälische Innenminister Herbert Schnoor, der mithalf, die Flüchtlinge gerecht zu verteilen. Im Jahr 1988/1989 stand die Sicherheit bei uns auf der Kippe. Sie geriet aber nie ernsthaft in Gefahr, weil es da Menschen gab, die das Problem gemeinsam bewältigen wollten. Weil es eine funktionierende Zivilgesellschaft gab. Das ist die Mentalität, die wir brauchen. Ein aktives Handeln, um Vertrauen aufzubauen und zu rechtfertigen.

Ein Europa des Friedens und der Sicherheit

Das ist mein Bild einer sicheren Gesellschaft. Eine Gesellschaft, in der wir eng zusammenstehen. Gemeinsam unsere Probleme lösen, wie groß die Herausforderung auch sein mag. In der wir gegenseitig auf uns achtgeben und warnen, wenn wir spüren, dass es jemand nicht gut meint. In der dann die Justiz oder unsere Sicherheitskräfte einschreiten, um für Recht und Ordnung zu sorgen. In der diese personell und materiell vernünftig ausgestattet sind. Damit wir Gefahren nicht erst entdecken, wenn es schon zu spät ist, sondern vorausschauend handeln. Unsere Gesellschaft muss eine Gesellschaft sein, in der jeder in Frieden und Sicherheit leben kann. Ohne ständig über die Schulter gucken zu müssen. Ohne Vorurteile. Ohne Ausgrenzung.

In einem geeinten Europa gilt es mehr denn je, diesen Kampf auch jenseits der deutschen Landesgrenzen zu führen. Wir haben auf europäischer Ebene unsere Zusammenarbeit im Bereich Justiz und Inneres unter das Motto «Raum der Freiheit, der Sicherheit und des Rechts» gestellt. Weil das unser Ziel ist: ein einheitlicher Raum, der jedem Freiheit, Sicherheit und Recht garantiert. Leider gibt es hier noch viel zu viele Lücken, Baustellen und Blockierer. Als ich damals Lassana Bathily bei «Menschen 2015» traf, da sagte ich, dass es eine «Entsolidarisierung» in Europa gibt. Ich bezog das auf die Flüchtlingspolitik, in der einige Staaten sich schlichtweg verweigern, in Solidarität mit den anderen an einer Lösung des Problems zu arbeiten. Denn diese Herausforderung ist ein Problem, solange wenige Staaten mit ihrer Bewältigung alleingelassen werden. Wir brauchen endlich ein europäisches Asyl- und Einwanderungsverfahren, mit dem klar geregelt wird, wer einwandern kann, wer Schutz erhält und welches Land diesen Schutz bietet. Ohne ein solches System werden wir noch Jahre der Überforderung, des Chaos- und Krisenmanagements erleben.

Wir haben dieses Problem der Solidarität aber auch im Bereich Sicherheit. Denn die nationalen Geheimdienste weigern sich immer noch regelmäßig, ihre wertvollen Daten mit den Geheimdiensten ihrer europäischen Nachbarländer zu teilen. Ein deutscher Bundeskanzler wird sein volles Gewicht und seine volle Autorität einbringen müssen, um dieses Problem anzugehen. Denn nachdem wir immer wieder gehört haben, dass ein Attentat wahrscheinlich hätte verhindert werden können, wenn es zu einem Datenaustausch gekommen wäre, müssen wir endlich umsteuern. Hier wurden viel zu viele Jahre die Zügel schleifengelassen.

Es geht darum, zu handeln und nicht zu warten. Es gibt keinen natürlichen Zusammenhang zwischen den Themen Sicherheit, Asyl und Migration. Wer als Schutzsuchender oder Migrant nach Europa kommt, muss mit allem Respekt und in Würde empfangen und behandelt werden. Sie oder er darf unter keinen Umständen in den Generalverdacht geraten, ein Sicherheitsrisiko darzustellen. Gleichzeitig haben uns die letzten Jahre gezeigt, dass wir nicht blind sein dürfen. Wenn Menschen, über deren Identität wir nichts wissen, bei denen wir nicht den Hauch einer Spur haben, unbemerkt nach Europa einreisen können, dann öffnet das Schlupflöcher für Kriminelle. Hier besteht die Verbindung. Hier besteht der Handlungsbedarf. Was die meisten Menschen in der Flüchtlingskrise verunsichert hat, war nicht die Tatsache, dass wir auf einmal sehr vielen Menschen, die vor Krieg und Terror fliehen, Schutz gewährt haben. Das ist unsere

Verpflichtung nach internationalem Recht und für die meisten Bürgerinnen und Bürger eine Frage der Menschlichkeit. Beunruhigend war aber die Tatsache, dass innerhalb kürzester Zeit manche Staaten die Kontrolle über das Problem verloren. Dass unsere Außengrenzen nicht mehr existent waren. Dass es keine abgesprochene Lösung gab und Europa in seine Einzelteile zerfiel. Diese Situation war die Quelle der Verunsicherung.

Die entscheidenden Fragen der nächsten Jahre werden deshalb sein: Schaffen wir es, auf europäischer Ebene unsere Grenzen gemeinsam zu sichern? Schaffen wir es, Asylsuchende und Migranten noch vor der Einreise, spätestens aber an der Grenze, zu registrieren und auch über ihre Pflichten und Rechte zu informieren? Schaffen wir es, die Last der Flüchtlingsbewegungen gemeinsam zu schultern? Schaffen wir es, in Europa einen effektiven Datenaustausch unserer Geheimdienste auf die Beine zu stellen? Kommen wir zurück zu einem souveränen Miteinander in Europa?

Jede dieser Fragen ist für sich eine schwierige Frage. Ihre Beantwortung verlangt Mut, Führungskraft und eine Vorstellung von der Zukunft, in die wir schreiten wollen. Für mich ist diese Vision klar: Ich will endlich hin zu einem Europa in Sicherheit und Solidarität. Einem Europa, in dem Bürgerinnen und Bürger sicher sind, ohne dafür ihre Freiheit opfern zu müssen. So ein Europa, so ein Deutschland können wir schaffen, wenn wir alle an einem Strang ziehen und uns vertrauen.

KAPITEL 9

Wen ich bewundere

Ein geteiltes Land in einem geteilten Europa

In den letzten Wochen bin ich bei meiner Reise durch Deutschland mehrmals von Berlin aus Richtung Hannover gefahren. Auf diesem Weg kommt man an Helmstedt vorbei, das an der alten deutsch-deutschen Grenze liegt. Ein beklemmender Anblick: große Türme, die drohend in den Himmel ragen. Hier haben früher Soldaten gestanden. Es gab Schießbefehl, Mauer und Stacheldraht, Minen und Wachhunde. Hunderte Menschen starben an der innerdeutschen Grenze. Helmstedt war einer der wichtigsten Übergangspunkte. Ein Ort, der die zwei Teile Deutschlands zugleich trennte und verband.

Für mich war das geteilte Deutschland lange Zeit eine Realität, und ich kenne kaum jemanden, der damals noch mit der Wiedervereinigung Deutschlands gerechnet hat. Ich habe mehr Zeit in einem geteilten Land verbracht als in einem geeinten. Sechs Jahre war ich alt, als die Mauer gebaut wurde, und ich kann mich, obwohl ich so jung war, noch sehr gut an diesen Moment erinnern. Unsere ganze Familie saß vor dem Radio, jeder sprach von einer Mauer, die gebaut werden sollte. Ich verstand noch nicht, warum das so außergewöhnlich war. Aber ich verstand, dass da etwas Wichtiges vor sich ging. Nicht einmal eine Minute brauchen wir heute, um an den Relikten dieser Zeit vorbeizufahren. Niemand denkt daran, uns an der Weiterfahrt zu hindern. Wir sind einfach nur auf einer Autobahn unterwegs. Unterwegs von A nach B in einem freien Land. Was für eine Errungenschaft diese Freiheit ist, das kann man nur mit einem Blick auf die Geschichte wirklich begreifen.

Auf der Potsdamer Konferenz im Sommer 1945 einigte man sich, in Deutschland vier Besatzungszonen zu schaffen. Der Westen wurde unter Briten, Franzosen und Amerikanern aufgeteilt, der Osten von der Sowjetunion kontrolliert. Wir waren ein Land, das sich der schlimmsten Verbrechen der Menschheitsgeschichte schuldig gemacht hatte. Deutschland lag am Boden. Viele Städte waren völlig zerbombt. Die Nahrungsmittelversorgung war knapp, Menschen litten Hunger. Es fehlte an den grundlegendsten Dingen wie sauberem Wasser und Elektrizität. Viele Männer waren noch in Kriegsgefangenenlagern oder auf dem Weg zurück. Wie sollte es nun mit diesem Land weitergehen? Diesem am Boden liegenden Koloss inmitten des europäischen Kontinents?

Zerwürfnisse zwischen den westlichen Besatzungsmächten und der Sowjetunion führten dazu, dass diese Frage völlig unterschiedlich beantwortet wurde. Im Westen entstand mit der Bundesrepublik Deutschland ein neuer Staat, der sich am 23. Mai 1949 eine der fortschrittlichsten Verfassungen der Neuzeit gab. Nach Artikel 20, Absatz 1 des Grundgesetzes gilt seitdem: «Die Bundesrepublik Deutschland ist ein demokratischer und sozialer Bundesstaat.» Und nur wenige Jahre nachdem Belgien von deutschen Panzern überrollt, nur wenige Jahre nachdem Frankreich zum zweiten Mal überfallen worden war, nur wenige Jahre nachdem Nazideutschland die Niederlande und Luxemburg besetzt hatte, nur wenige Jahre nach all den damit verbundenen Gräueltaten entschieden sich unsere europäischen Nachbarn, uns in einer großen Geste der Versöhnung die Hand zu reichen. Große Staatsmänner wie Robert Schuman, Jean Monnet, Alcide De Gasperi, Joseph Bech oder Paul-Henri Spaak erkannten, dass ein dauerhafter Frieden in Europa nur dann verwirklicht werden konnte, wenn man Deutschland ermöglichte, mit aufrechtem Gang und als demokratischer Staat in die internationale Staatengemeinschaft zurückzukehren. Diese Visionäre hatten verstanden: Ohne ein demokratisches Deutschland in einem demokratischen Europa kann Frieden auf unserem Kontinent nicht garantiert werden. Und diese Erkenntnis setzten sie in mutigen politischen Entscheidungen um. All dies galt für das damalige Westdeutschland. In der Zerrissenheit des Kalten Krieges orientierte es sich in den Anfangsjahren unter Kanzler Adenauer klar in Richtung Westen.

Nachdem mit der Annahme des Grundgesetzes am 23. Mai 1949 die Bundesrepublik Deutschland gegründet worden war, folgte am 7. Oktober 1949 die Gründung der Deutschen Demokratischen Republik. Sie wurde nicht Teil der europäischen Staatengemeinschaft, sondern Teil der sowjetischen Einflusssphäre, Teil des Warschauer Vertragssystems. Viele in der Gründergeneration waren zweifellos von großem Idealismus angetrieben, man wollte nach den Naziverbrechen ein besseres und bewusst antikapitalistisches Deutschland schaffen. In vielen Büchern und Berichten kann man das nachlesen, nicht zuletzt in der lesenswerten Autobiographie von Wolf Biermann.

In der Realität wurde dieser Anspruch nicht nur nicht erfüllt, er wurde pervertiert. Eine kleine Gruppe monopolisierte die Macht in den SED-Gremien. Bürgerrechte wurden auf extreme Weise beschnitten, die Massenüberwachungsmaschinerie der Staatssicherheit drang schamlos auch in die intimsten Bereiche des privaten Lebens ein. Als am 17. Juni 1953 die Arbeiterschaft für bessere Arbeitsbedingungen auf die Straße ging, verkündete die sowjetische Besatzungsmacht das Kriegsrecht und unterdrückte die Demonstrationen mit militärischer Gewalt. Millionen Menschen verließen die DDR. Diese Massenflucht wurde am 13. August 1961 jäh mit dem Bau der Mauer gestoppt.

Die Mauer war und ist ein Symbol für den Kalten Krieg und für einen Unterdrückungsstaat. «Die Mauer steht gegen den Strom der Geschichte. Sie steht gegen das Gebot der Menschlichkeit. Gegen das in der Charta der Vereinten Nationen verbriefte Recht auf Selbstbestimmung. Gegen die Sicherung des Friedens.» Das sagte Willy Brandt am dritten Jahrestag des Mauerbaus in Berlin. Am selben Tag sagte er aber noch einen weiteren bemerkenswerten Satz, der die Schwierigkeit der Lage zusammenfasste: «Wenn es auf starke Worte ankäme, dann stünde die Mauer nicht mehr. Dann wären die Trennung Berlins und die Spaltung Deutschlands längst überwunden.»

Die deutsche Einheit wurde von den
mutigen Ostdeutschen erkämpft

Politik allein hätte die Berliner Mauer nicht zum Einsturz gebracht. Das wusste Brandt. Und das wussten auch die Menschen in Westdeutschland. Ich selbst wuchs in dem Glauben auf, dass das, was ich da als Kind im Radio gehört hatte, für immer Realität bleiben würde. Ein durch eine tödliche Grenze geteiltes Deutschland. Eltern hatten sich damit abfinden müssen, ihre Kinder nicht mehr zu sehen. Ehemals Verliebte hatten neue Partner gefunden. Es wuchs eine Generation heran, die ein vereintes Deutschland gar nicht mehr kannte; für die die Teilung ein normalerer Zustand war als die Einheit. Mag man sich vorstellen, wie Deutschland heute aussehen würde, hätte es die Wiedervereinigung nicht gegeben?

Ich möchte mir das nicht vorstellen. Und wir müssen es zum Glück auch nicht. Denn was wir heute die vereinte Bundesrepublik Deutschland nennen, das Deutschland, das nun wiederum meine Kinder als selbstverständlich ansehen, das wurde von den mutigen Bürgerinnen und Bürgern erkämpft. Es begann in Polen und schwappte dann zügig in andere Staaten der sowjetischen Einflusssphäre über. Und es brauchte einen mutigen sowjetischen Präsidenten Michail Gorbatschow, der mit Glasnost und Perestroika das Signal für diesen Aufbruch sendete. In der DDR organisierte sich der Widerstand zunächst bei den Montagsdemonstrationen in Leipzig. Was die Menschen in Leipzig forderten, war die Freiheit, ihre Meinung zu äußern. Sie gaben ihr Verlangen nach fairen Wahlen kund, nach Reisefreiheit und auch nach einer sauberen Umwelt. Hier formierte sich der Protest gegen die SED-Diktatur, erst leise, dann lauter. Zuerst waren es Hunderte, dann Tausende und schließlich Hunderttausende.

Der entscheidende Tag war der 9. Oktober 1989, als 70 000 Menschen auf dem Nikolaiplatz zusammenkamen. Noch im Juni 1989 hatte die chinesische Regierung Proteste auf dem Platz des Himmlischen Friedens in Peking blutig niedergeschlagen. Mehrere hundert Menschen waren ums Leben gekommen. Auch in Leipzig war eine solche Eskalation nicht ausgeschlossen. Doch die Menschen ließen sich nicht abschrecken. Sie kamen an diesem Tag zahlreicher und selbstbewusster als je zuvor. Im Protest waren sie alle vereint: Intellektuelle und Umweltschützer, Reformsozialisten und Kirchenaktivisten, Gewerkschafter und Schriftsteller, Musiker und Pfarrer, einfache Bürger und Arbeiter. Ganze Familien zogen durch die Straßen, von Eltern mit Kinderwagen bis hin zur Großmutter. Ein Querschnitt der gesamten Gesellschaft. Sie liefen mit Kerzen und Blumen durch die Stadt und riefen: «Keine Gewalt!» Sie riefen: «Wir sind das Volk!», «Wir bleiben!», und vielleicht am lautesten hallte der Ruf: «Demokratie – jetzt oder nie!» Kein Schuss fiel, kein Panzer rollte, kein Tropfen Blut floss an diesem Tag. Am 9. Oktober 1989 siegte der Idealismus der mutigen DDR-Bürger gegen den Zynismus der Diktatur.

Was sie wollten, war ein Wandel, und welch einen gewaltigen Wandel sie auslösen würden, das ahnten diese Menschen wohl selbst noch nicht. Denn in Leipzig manifestierte sich eine Bewegung, die sich nicht mehr aufhalten ließ und die schließlich mit dem Fall der Mauer am 9. November ihren vorläufigen Höhepunkt fand. Joachim Gauck beschrieb diesen Moment einmal wie folgt: «Ich sehe es vor mir wie heute, es war magisch, und es war ganz irdisch zugleich – unendlich viele Träume hatten sich erfüllt. Und für unendlich viele von uns, da war es einfach nur – Glück.» Der Mut der Menschen in Leipzig ist ein historisches Vermächtnis an unsere Bundesrepublik. Wir können stolz darauf sein, dass die Einheit Deutschlands friedlich erreicht und im Einklang mit unseren Nachbarn und Verbündeten geregelt wurde.

Die Demonstranten in Leipzig reklamierten zu Recht den Satz «Wir sind das Volk!» für sich, und der Satz war Ausdruck einer Freiheitsbewegung. Deshalb ärgert es mich sehr, wenn sich heute eine kleine Gruppe selbsternannter «Wutbürger» anmaßt, ihn für ihre Zwecke zu missbrauchen. Die Menschen in Leipzig kämpften für die Freiheit. Sie wehrten sich gegen ein Regime, das sie unterdrückte. Sie stritten für Demokratie, für freie Meinungsäußerung, für Rechtsstaatlichkeit und Solidarität. Sie träumten von einem Deutschland, ja sogar von einem Europa, in dem man sich frei bewegen kann. In einem Land, in dem man schon für das Verteilen eines Flugblatts eingesperrt werden konnte, stritten sie für eine freie Presse. All diesen Menschen muss es zynisch vorkommen, dass nun eine Minderheit in einigen Städten Deutschlands auf die Straße geht und mit dem gleichen Ruf «Wir sind das Volk!» genau das Gegenteil fordert. Die all das, wofür die Menschen in Leipzig ihr Leben riskiert haben, rückgängig machen will. Ich finde es inakzeptabel, wenn diese Menschen unsere freie Pres-

se als «Lügenpresse» diffamieren. Ich finde es unerträg-
lich, wenn sie den Nationalismus wieder hochleben lassen und ein Deutschland der Abschottung fordern. Und
es ist einfach nicht hinnehmbar, wenn demokratische
Volksvertreter – vom Bürgermeister bis zum Bundesprä-
sidenten – attackiert und beschimpft und sogar tätlich
angegriffen werden. Ich bin davon überzeugt, dass die
Demokraten in Deutschland noch immer weit in der
Überzahl sind, und zwar in Ost und in West.

Es wächst zusammen, was zusammengehört

Demokratie zu erstreiten, ist eine ehrenhafte Tat, die oft
viel Mut erfordert. Allein davor muss man den höchsten
Respekt haben. Doch der nächste Schritt ist mindestens
genauso wichtig: nämlich, die Demokratie zu stabilisie-
ren und in feste Strukturen einzubetten, sie dann auch
im täglichen Leben zu verteidigen. Dies ist eine schwe-
re, manchmal ermüdende Aufgabe. Das gilt gerade für
die Vereinigung zweier Länder, die fast vier Jahrzehnte
lang völlig verschiedene Erfahrungen gemacht haben,
die mit gegensätzlichen Systemen regiert wurden und
noch dazu hermetisch voneinander abgeriegelt waren.
Die Forderung nach der Vereinigung war der erste, fundamental wichtige Schritt. Aber die praktische Arbeit
und menschliche Anstrengung, die danach folgten, waren ebenso entscheidend.

Was hier in Deutschland innerhalb kürzester Zeit
geschah, war und ist beeindruckend. Das System, das

die wiedervereinigte Bundesrepublik prägte, war das Staatssystem basierend auf dem Grundgesetz vom 23. Mai 1949. Die Wirtschaftsform wurde die der sozialen Marktwirtschaft, die in Westdeutschland schon seit Jahrzehnten etabliert war. In Ostdeutschland wurde fast von einem Tag auf den anderen die Staatsräson ausgewechselt. Die Wirtschaft wurde abrupt umgestaltet, und die Verbrechen der SED mussten aufgearbeitet werden. Die Anpassungsleistung, die in den Anfangsjahren des jungen vereinten Deutschland besonders von den Ostdeutschen erbracht wurde, war enorm. Während meine Generation in Westdeutschland die Demokratie von Müttern und Vätern als Geschenk in die Wiege gelegt bekommen hatte, erstritten meine Altersgenossen in Ostdeutschland die Demokratie selbst mit ihrem Mut und ihrem Engagement. Während wir uns über die erreichte Wiedervereinigung freuten, arbeiteten unsere Mitbürgerinnen und Mitbürger im Osten hart daran, dass diese auch praktisch gelingen konnte.

Heute, knapp siebenundzwanzig Jahre später, können wir eine positive Zwischenbilanz ziehen. Natürlich gibt es noch Unterschiede zwischen West und Ost. Es wird immer Unterschiede geben. Das ist völlig in Ordnung und ein Zeichen gesunder Vielfalt. Was nicht akzeptabel ist, das ist strukturelle Ungerechtigkeit. Hier ist noch viel zu tun. Bei uns gibt es keine Region, in der die Menschen besser oder schlechter sind. Und wenn es Regionen gibt, in denen die Chancen besser oder schlechter sind, dann müssen wir das ändern. Ich will, dass wir in einem Land leben, in dem jeder dort gut leben kann, wo er leben will. Die Menschen in Ostdeutschland haben denselben

Respekt und dieselbe Unterstützung verdient wie die Menschen in Westdeutschland. Es war mir eine große Ehre, dass ich 2016 in die Nikolaikirche eingeladen wurde, um anlässlich des 27. Jahrestages der friedlichen Revolution eine Rede zu halten. Was ich damals sagte, gilt heute genauso. Ich möchte an all jene appellieren, die immer noch in Kategorien von «Wessi» und «Ossi» denken: Knapp drei Jahrzehnte nach der deutschen Wiedervereinigung, die frei nach Brandt zusammenbrachte, was zusammengehört, sollten wir dieses Denken beenden.

Europa wird zum zweiten Mal gegründet

Das Jahr 1989 war aber nicht nur das Glücksjahr der Deutschen. Es war ein europäisches Jahr der Befreiung. In Polen hatte die Solidarność seit 1980 für Freiheit, Bürgerrechte und gerechte Wahlen gekämpft. Als Lech Walesa und seine Mitstreiterinnen und Mitstreiter am 4. Juni 1989 nun endlich legal an freien Wahlen teilnehmen durften, gewannen sie neunundneunzig von hundert Sitzen im Senat und alle freien Sitze in der Sejm, dem polnischen Parlament. In der Tschechoslowakei schaffte die Bürgerbewegung, die spätestens mit der Charta 77 einen Symbolträger erhalten hatte, den Durchbruch. Die Samtene Revolution nahm in Prag mit den Demonstrationen auf dem Wenzelsplatz ihren Lauf, und der Ruf «Havel auf die Burg!» wurde am 29. Dezember Wirklichkeit. In Ungarn bekam Imre Nagy endlich sein

Staatsbegräbnis, und Außenminister Gyula Horn zer-
schnitt live im Fernsehen den Grenzzaun zu Österreich
und gewährte somit mehr als 30 000 DDR-Flüchtlingen
die freie Weiterreise nach Westen. In Rumänien wurde
kurz vor Weihnachten Ceauşescu gestürzt. Um Solidarität mit den Rumänen zu zeigen, versammelten sich
die Menschen wieder in Leipzig. «Was den Rumänen
jetzt passiert, hätte auch uns passieren können», sagten
sie. Denn anders als in Ostdeutschland lief die Revolution in Rumänien nicht friedlich ab: Mehr als tausend
Menschen verloren ihr Leben und mehr als dreitausend
wurden verletzt.

1989 war ein europäisches Jahr, ein Jahr der Europäer.
Auf die Bemerkung, dass Ungarn nun unter zwei deutschen Staaten den westdeutschen Staat gewählt habe,
antwortete Gyula Horn, als er den Stacheldraht durch-
trennte: «Nein, wir wählen Europa.» Der große Historiker Tony Judt schreibt in seiner «Geschichte Europas
von 1945 bis zur Gegenwart»: «Das Gegenteil von Kom-
munismus war nicht ‹Kapitalismus›, sondern ‹Europa›.»
1989 hatten sich die Menschen für Europa entschieden.
Und «Europa», das stand schon damals symbolisch für
Freiheit und Gerechtigkeit, Demokratie und Solidarität,
Wohlstand und Schutz. Mehr als vierzehn Jahre mussten
die osteuropäischen Staaten noch auf eine völlige Integration in dieses Europa warten, in die institutionelle
Struktur der Europäischen Union.

Die damalige DDR wurde schneller in den westlichen europäischen Staatenbund aufgenommen. Die
Ermöglichung der Vereinigung beider Teile Deutschlands in einem geeinten Europa war nach der Aufnahme

der Bundesrepublik Deutschland in die Europäische Gemeinschaft für Kohle und Stahl 1951 das zweite große
Geschenk, das wir von unseren Nachbarn erhielten. Es
war ein Akt politischer Weitsicht, motiviert von der
Überzeugung, dass ein geeintes und demokratisches
Deutschland, fest verankert in einer europäischen Staatengemeinschaft, der einzige Weg ist, dauerhaft Frieden
auf dem europäischen Kontinent zu schaffen. Diese
Überzeugung war stärker als die Ängste, die damals die
Vorstellung von einem wiedervereinten und wieder-
erstarkten Deutschland noch immer auslöste. Beängs-
tigend war die Vereinigung der militärischen Stärke der
zwei deutschen Teilstaaten, der vorhersehbare Aufstieg
zur wirtschaftlichen Supermacht, das neue Selbst-
bewusstsein einer wiedervereinten Nation. Man muss
sich nur einmal die Protokolle der damaligen britischen
Regierung durchlesen, um zu verstehen, welche Be-
klemmung bei den Menschen in unseren Nachbarstaaten
herrschte. Aber erneut waren es mutige Persönlichkei-
ten wie Helmut Kohl, François Mitterrand, Willy Brandt,
Jacques Delors und selbst Margaret Thatcher, die diese
Ängste überwanden. Sie waren bereit, einen Staatenverbund anzustreben, in dem ein vereintes Deutschland sich
durch die Änderung seines Grundgesetzes verpflichtete,
für die europäische Integration zu arbeiten. Auch dieser
Mut und diese Verpflichtung sind historische Vermächt-
nisse unserer Nachbarn an die Bundesrepublik.

Der Mut der Menschen im Jahr 1989 – ob in Leipzig,
Prag, Warschau, Budapest oder Bukarest – war deshalb
nichts weniger als der Auslöser für eine zweite Gründung Europas nach 1951. Diesmal nicht als geopolitischer

Schachzug, nicht als wirtschaftliche Zweckgemeinschaft, sondern als Projekt der Menschen Europas, als Wertegemeinschaft, entstanden aus dem Mut und der Solidarität der europäischen Völker. Daran müssen wir uns erinnern, besonders in diesen Tagen, in denen viele Kräfte versuchen, diese historische Errungenschaft rückgängig zu machen. Wir erleben das in Deutschland. Wir erleben es aber beispielsweise auch in Polen und in Ungarn. Den Staaten, die damals so mutig voranschritten. Wir müssen deshalb in Europa einen effektiveren Mechanismus finden, um die gelebten Werte, die auf unserem Kontinent erstritten wurden, gegen Angriffe von innen und von außen zu verteidigen. Wir sind es den Menschen schuldig, die sich damals so mutig den Panzern und Soldaten entgegenstellten, dass wir ihr Erbe schützen.

KAPITEL 10

Ein Generationenvertrag ist kein theoretisches Konstrukt

Das Hochzeitsfoto meiner Eltern

Ernst blicken sie mich an: meine Eltern auf ihrem Hochzeitsfoto. Kein Freudestrahlen und keine Euphorie. Nichts von dieser Magie, die meist aus den Augen der Menschen spricht, wenn sie den schönsten Tag ihres Lebens erleben. Nichts von der Zuversicht, dass man nun in Liebe und Hingebung zum Partner das Leben umso erfüllter leben wird. Nein, in den Augen meiner Eltern sehe ich eine gewisse Bedrücktheit, Skepsis und Sorge. Wir alle haben schon so viele Hochzeitsfotos gesehen. Fotos von glücklichen Menschen. Rote Wangen, glänzende Augen und die schönsten Kleider. Auch meine Eltern sind feierlich gekleidet. Aber die Stimmung ist trüb. Um zu erfahren, warum, muss man nicht sehr lange suchen.

Meine Eltern haben am 30. April 1940 geheiratet. Anfang Mai 1940 wurde mein Vater eingezogen. Er war Soldat der Wehrmacht. Musste in den Krieg ziehen, der sich schnell zu einem Weltenbrand entwickeln sollte, der ganz Europa überzog und bislang ungekanntes Leid zurückließ. Mein Vater hatte als gelernter Hufschmied früh gelernt zu reiten, und er hatte sich autodidaktisch das Trompetespielen beigebracht. Dafür hatte er ein seltenes Talent. Er konnte also zu Pferd musizieren und kam so zu einem berittenen Musikkorps der Wehrmacht. Damit war er, wie fast alle Männer seiner Generation, ein kleines Rädchen in der großen Zerstörungsmaschinerie, die die deutsche Armee darstellte.

Mein Vater musste nur Tage nach seiner Hochzeit in einen Krieg ziehen, dessen Ende ungewiss und dessen Folgen unabsehbar waren. Deshalb war das Datum der Hochzeit kein Zufall. Meine Eltern heirateten vor der Einberufung meines Vaters, damit meine Mutter, sollte mein Vater nicht lebend aus dem Krieg zurückkehren, zumindest eine Witwenrente bekäme. Das waren die Überlegungen der Generation meiner Eltern. Selbst am Traualtar konnte man nicht unbekümmert an die Zukunft denken und sein Leben planen. Die Zukunft barg kein rosiges Versprechen. Am Traualtar dachten meine Eltern an den Tod und blickten dunklen Tagen entgegen.

Von der Generation des «Immer mehr» und ihrem Ende

Meine Eltern überlebten beide den Krieg. Die düsteren Erlebnisse des Krieges aber prägten ihr Leben bis in ihre letzten Tage. Sie leisteten deshalb einen persönlichen Schwur. Neben dem «Nie wieder», dem Schwur, den wir als deutsche Gesellschaft für alle Zeit im Herzen tragen, schworen sie sich wie viele andere Eltern: «Unsere Kinder sollen es einmal besser haben als wir.» Dieser Schwur gab ihnen Kraft. Kraft, weiterzuleben. Kraft, ein ganzes Land wiederaufzubauen. Nicht für sich selbst, sondern für die nächste Generation.

Ihr Schwur wurde zur Realität: Denn was meine Generation erleben sollte, war ein «Immer mehr». Immer mehr Frieden. Immer mehr Sicherheit. Immer mehr Wohlstand. Immer mehr Wachstum. Immer mehr Fortschritt. Immer mehr Wissen. Immer mehr Rechte. Immer mehr Demokratie. Immer mehr von allem. Immer ging es bergauf. Ja, meine Generation hat es besser gehabt als die Generation meiner Eltern. Viel besser sogar. Deshalb ist der Dank, den wir ihr schulden, unermesslich. Diese Generation hat ihr Glück hintangestellt, um ein besseres Leben für ihre Nachkommen zu ermöglichen. Auch wenn ich als Kind den Satz meiner Mutter «Ihr sollt es mal besser haben» nicht mehr hören konnte, ist er doch auf wundersame Weise wahr geworden. Meine Eltern haben sich alles vom Munde abgespart, damit wir eine gute Bildung bekamen. Zum ersten Mal in Urlaub gefahren sind meine Eltern, als mein Vater mit sechzig pensioniert wurde. Da wurde oft beim eigenen Wohlbefinden zurückgesteckt. Mehr als die ein oder andere Mark gespart, um davon die Ausbildung der Kinder zu finanzieren. Von 1950 bis heute hat sich die Zahl der Abiturabschlüsse mehr als verzehnfacht. Wir sind die erste Generation seit langem, die keinen Krieg im eigenen Land miterlebt. Frieden ist für uns kein Wunschtraum, sondern fast schon selbstverständliche Realität. Ich finde, dass die Älteren, die uns all das ermöglicht haben, dafür viel mehr Achtung und Würdigung verdient hätten.

Die Frage, die sich heute jedoch stellt, ist: Kann dieses «Immer mehr» durchgehalten werden? Oder müssen wir uns damit abfinden, dass «Immer mehr» irgendwann zu einer Sättigung führt? Kann es sein, dass aus «Immer mehr» auf einmal «Immer weniger» wird? Anfang der achtziger Jahre prognostizierte der deutsche Soziologe Ralf Dahrendorf das Ende des sozialdemokratischen Jahrhunderts. Die Sozialdemokratie habe sich durch ihren Erfolg quasi selbst überflüssig gemacht. Ihre Ziele der Freiheit, der Gleichheit und der Solidarität seien weitestgehend erreicht; Arbeitnehmerrechte waren gestärkt worden und schienen im Vergleich zu den Arbeitsbedingungen, die noch im 19. Jahrhundert geherrscht hatten, fast paradiesisch. Hier schien das «Immer mehr» also an einem Endpunkt angekommen zu sein. In den neunziger Jahren stellte dann der amerikanische Politologe Francis Fukuyama die These auf, dass wir uns auf das Ende der Geschichte zubewegten. Nach dem Fall der Sowjetunion sprach er vom Siegeszug der liberalen Demokratie, den nichts mehr aufhalten könne. Bald schon sei die ganze Welt demokratisiert.

Beide Thesen waren zu ihrer Zeit gewagt und hochumstritten. Heute, mehr als dreißig beziehungsweise zwanzig Jahre später, können wir sagen, dass sie falsch waren. Geschichte verläuft nicht linear, nichts ist ein für alle Mal erreicht. Es ist zu hoffen, dass wir aus der Geschichte lernen, aber auch hierüber haben wir keine Gewissheit. Wir können schlecht aus dem Trend der letzten Jahre auf die kommenden Jahre schließen. Wir erleben immer neue Brüche, Zäsuren, Entwicklungen und Trends, die unsere Grundfesten ins Wanken bringen und bisherige Gewissheiten in Frage stellen. Und was im Gestern gut war, muss im Heute nicht unbedingt noch gut sein. So wurden auch die Thesen von Dahrendorf und Fukuyama widerlegt. Der Kampf der internationalen Sozialdemokratie ist heute aktueller denn je. Was wir schon in den achtziger Jahren erlebten, waren eine Verschärfung des internationalen Wettbewerbs und ein Vormarsch des Neoliberalismus, der eine geradezu wütende Staatsverachtung als politisches Programm formulierte. Arbeitnehmer weltweit wurden gegeneinander ausgespielt. Die soziale Frage stellt sich innerhalb unserer Gesellschaften und auch global wieder mit großer Wucht. Menschen am anderen Ende der Welt arbeiten zu Niedriglöhnen und ohne soziale Absicherung, während hier Arbeitsplätze wegfallen. Die Digitalisierung macht eine völlig neue Freiheits- und Demokratiedebatte notwendig. Und die liberale Demokratie hat eben nicht weltweit gesiegt. Autokratische Regime haben sich wider Erwarten halten können, und selbst etablierte Demokratien geraten durch extreme Kräfte von innen und von außen unter Druck. In Europa spüren wir diese Tendenz ganz direkt. In vielen Mitgliedsstaaten gewinnen Hetzer und Populisten Wahlen. Kräfte, die gegen Minderheiten sind, den Ultranationalismus hochleben lassen und am liebsten Mauern um ihr Land bauen würden. Wir spüren gerade am eigenen Leib, dass die Erfolge der Nachkriegszeit eben nicht wie selbstverständlich weitergehen und zu einem Endpunkt gelangen, an dem wir alle zufrieden und gut leben. Nein, wir leben in einer Welt, die von vielen schwierigen Entwicklungen geprägt ist: Wir haben im Jahr 2008 eine der schlimmsten Finanzkrisen der Nachkriegszeit erlebt. Viele Menschen verloren ihr Erspartes oder ihren Job, manche auch beides. Einige europäische Staaten stürzten in tiefe Krisen, oft verbunden mit hoher Jugendarbeitslosigkeit. In der Europäischen Union haben wir seitdem Jahre schwachen wirtschaftlichen Wachstums erlebt. Zwar erholen wir uns langsam, aber wir sind noch weit entfernt von dem, was wir als starkes Wachstum bezeichnen würden. Unsere Gesellschaften verändern sich auch demographisch, werden häufig immer älter.

Diese Entwicklungen fordern uns heraus, und sie stellen uns vor Probleme. Den meisten Menschen in unserem Land geht es gut, vielen sogar sehr gut. Wir haben in Deutschland ein kreatives Unternehmertum, gut ausgebildete Arbeitnehmer und eine stabile Demokratie. Wir haben ein gutes Bildungssystem mit tollen Universitäten und die duale Ausbildung, um die uns Länder weltweit beneiden. Trotz Defiziten haben wir einen immer noch funktionierenden Sozialstaat. Dennoch geht es vielfach ungerecht zu, Reichtum ist ungleich verteilt, Menschen werden überfordert, und es gibt Verlustängste. Man sorgt sich heute vor allem darum, dass es auch gut bleibt. Es geht häufig nicht mehr darum, dass es unsere Kinder einmal besser haben sollen als wir selbst. Es geht darum, dafür zu sorgen, dass sie es einmal ähnlich gut haben wie wir. Dass sie alle Chancen haben, das Beste aus ihrem Leben zu machen. Das allein ist angesichts der Herausforderungen, vor denen wir stehen, schon eine riesige Frage. Um sie zu beantworten, genügt es nicht, die Hände in den Schoß zu legen und zu warten.

Generation Dreifachbelastung

Wenn wir sichergehen wollen, dass es der Generation unserer Kinder so gut geht wie uns selbst, dann muss die Politik lernen, ihre Lebensrealitäten zu verstehen. Und diese Realitäten verändern sich. Wir leben in einer alternden Gesellschaft. Die Generation der Babyboomer kommt in die Jahre. Die Lebenserwartung ist hoch und steigt weiter an. Unsere Geburtenrate ist zu niedrig, um unseren Bevölkerungsstand zu erhalten. In diesem Szenario wird es immer schwieriger, die Alterssicherung in der Zukunft zu garantieren. In dieser alternden Gesellschaft stehen wir mit der Finanzierung der Rente vor einer genauso großen Herausforderung wie bei der Gesundheitsversorgung. Hierfür werden wir eine Antwort finden müssen, ohne dabei die aktive, am Arbeitsprozess teilnehmende Bevölkerung durch endlos steigende Beiträge zu überfordern. Das Ziel bleibt: Menschen, die ihr Leben lang gearbeitet haben, müssen im Alter eine solide Absicherung haben, und jeder hat einen Anspruch auf eine gute ärztliche Betreuung und Vorsorge. Dabei kommen die steigenden Kosten für die Pflege hinzu. Es wird also in Zukunft viel auf die Jungen zukommen, auf die «mittlere Generation», die im Arbeitsprozess steckt. Deshalb brauchen wir einen neuen Generationenvertrag, der den Älteren den Respekt entgegenbringt, den sie für ihre Lebensleistung verdienen, und der die Jungen nicht überfordert, weil sie zwischen der täglichen Arbeitsbelastung, dem Aufziehen der eigenen Kinder und der Sorge um die Eltern zerrieben werden und dabei auch noch finanziell alles schultern müssen. Die ökonomischen Wachstumspotenziale durch einen technologischen Schub freizusetzen und eine gerechtere Beteiligung aller Bevölkerungsgruppen an den Gemeinschaftsaufgaben zu ermöglichen, ist der Schlüsselweg, um in die Zukunft zu gehen.

Wenn ich über die Belastung der «mittleren Generation» spreche, meine ich Folgendes: Die Menschen heute bekommen ihre Kinder später. Das ist keine neue Wahrheit. Sie ist seit Jahren statistisch nachgewiesen. Aber wir machen uns oft nicht klar, was das bedeutet. Mir ist es erst in den letzten Monaten und nach unzähligen Begegnungen so richtig bewusst geworden. Da habe ich auch festgestellt, dass ich dieses Phänomen in meiner eigenen Familie beobachten kann und selbst Teil davon bin: Meine Eltern und meine älteren Geschwister haben ihre Kinder noch im Alter von zwanzig bis fünfundzwanzig Jahren bekommen. Meine Frau und ich, wir haben unsere Kinder erst mit dreißig und vierunddreißig Jahren bekommen. Es gibt Menschen, die noch später Eltern werden. Hierdurch entsteht eine neue Herausforderung: Denn diese Eltern sind – wie wir alle – beruflich enorm belastet und gefordert. Gleichzeitig müssen sie sich um ihre Kinder kümmern, die noch zu Hause wohnen, in der Ausbildung sind, zur Uni gehen. Auf der anderen Seite sind die eigenen Eltern oft schon so alt, dass sie zuwendungs- oder sogar pflegebedürftig sind. Gäbe es diese Altersverschiebung nicht, könnten die eigenen Eltern bei der Erziehung der Kinder helfen, würden also junge Eltern unterstützen. Durch diese Altersverschiebung aber ist es immer häufiger so, dass die Eltern zu alt sind, um dies zu leisten. Vielmehr brauchen sie selbst Unterstützung. Das führt dazu, dass Eltern heute dreifach gefordert sind: Sie müssen die Erziehung der Kinder, den Job und die Sorge um die eigenen Eltern unter einen Hut bekommen. Diese Art der Dreifachbelastung ist neu. Verschärfend kommt hinzu, dass gerade in den Großstädten Menschen leben, die aus ihrer Heimatregion weggezogen sind, und dass es das Mehrgenerationenhaus in den Ballungsräumen kaum gibt. Damit wird der traditionelle Generationenvertrag, bei dem die Großeltern sich mit um die Enkel kümmerten und die Eltern sich wiederum um die eigenen Eltern, wenn diese im Herbst ihres Lebens Unterstützung brauchten, nicht mehr gelebt. Ich habe diese Situationen auf meiner Deutschlandreise oft diskutiert und auch in meinen Reden beschrieben. Viele Male haben mir Menschen daraufhin gesagt: «Herr Schulz, Sie sprechen von mir.» Das hat mich darin bestärkt, dass wir diese Herausforderung politisch anpacken müssen, dass wir den Generationenvertrag erneuern müssen.

Es kommt viel zusammen für die Generation der Eltern, die immer häufiger in die Situation einer Dreifachbelastung gerät. Ich denke, dass mittlerweile fast jeder jemanden kennt, der in einer solchen Lebenssituation ist. Wir dürfen es einfach nicht zulassen, dass diese Menschen in die Knie gezwungen werden – nicht physisch, nicht psychisch und schon gar nicht finanziell. Sie verdienen unsere Unterstützung, die Unterstützung eines handlungsfähigen Staates und einer solidarischen Gesellschaft. Um dies zu leisten, müssen wir unsere Vorstellung des Zusammenlebens und der Solidarität umkrempeln. Wir brauchen einen neuen Generationenvertrag, der das gute Zusammenleben der Generationen auch in Zukunft sichert.

Ein neuer Generationenvertrag

Ich habe viele Menschen getroffen, die mir gesagt haben: «Es geht mir gar nicht darum, reich zu werden. Es geht mir nicht darum, Chef zu sein.» Den meisten ging es darum, ein gutes Leben zu haben. Ein Leben, in dem das Geld für die wichtigen Dinge reicht: ein Dach über dem Kopf, gesundes Essen, eine gute Ausbildung der Kinder und ab und zu einen Urlaub zum Beispiel. Ihnen ging es darum, dass neben Geld auch eine zweite Währung mehr Beachtung bekommt. Und zwar die Zeit. Denn was nützt einem der beste Lebensstandard, wenn man keine Zeit hat, ihn zu genießen? Vielen Menschen ist es wichtiger, ein paar Stunden mehr Zeit mit ihren Kindern oder ihren Nächsten verbringen zu können, als ein paar Euro mehr in der Tasche zu haben. Zeit ist eine Währung ohne materiellen Wert, deren menschlicher Wert aber unermesslich ist. Deshalb gilt: Wer kein Geld hat, der ist arm. Wer jedoch keine Zeit hat, der ist auch arm. Das ist ein Grundsatz, den wir in Zukunft mehr in den Vordergrund rücken möchten.

Weil wir diese Situation erkannt haben – die neue Dreifachbelastung der Familien und die verstärkte Belastung, die aufgrund unserer gesellschaftlichen Entwicklung auf sie zukommt –, wird es ein Kernanliegen für mich sein, die Familien zu entlasten und zu unterstützen. Wir wollen, dass Familie und Beruf als doppeltes Glück und nicht als doppelte Belastung empfunden werden. Deshalb müssen wir die Familien in beiden Bereichen entlasten: bei der Erziehung der Kinder und bei der Pflege der Eltern. Zudem muss es in einer modernen Gesellschaft, in der immer mehr Unternehmen bereits eigenständig innovative Wege der Arbeitsgestaltung gehen, möglich sein, dass Menschen mit Kindern ihren Arbeitsalltag flexibel gestalten. Die drei «Problemachsen» Erziehung, Job und Pflege sind deshalb auch die drei Achsen unseres Handelns.

Wir wollen uns an der erfolgreichen Arbeit orientieren, die Manuela Schwesig im Familienministerium seit vier Jahren leistet. Sie hat das Elterngeld Plus eingeführt, das es Eltern kleiner Kinder leichter macht, Elternzeit und Teilzeitarbeit miteinander zu kombinieren. Wir müssen ermöglichen, dass Familien mehr Zeit mit den Familienangehörigen verbringen können, ohne dabei beruflich und finanziell große Zugeständnisse zu machen. Schon Anfang April haben wir die Einführung einer Familienarbeitszeit mit einem Familiengeld vorgeschlagen. Wenn Eltern ihre Arbeitszeit reduzieren möchten, können sie für bis zu vierundzwanzig Monate ein Familiengeld in Höhe von dreihundert Euro monatlich erhalten – je hundertfünfzig Euro für die Mutter und den Vater. Die Unterstützung richtet sich vor allem an Familien mit kleinen oder mittleren Einkommen, weil für sie diese Unterstützung einen substanziellen Betrag darstellt.

In einer modernen und aufgeklärten Gesellschaft im 21. Jahrhundert geht es um Vereinbarkeit. Vereinbarkeit von Familie und Beruf. Und um Gleichberechtigung zwischen den Partnern. Schaffen wir diese Vereinbarkeit und Gleichberechtigung, lösen wir viele Probleme. Wir schaffen Chancen. Wir geben den Menschen Möglichkeiten, ihr Leben so zu gestalten, wie sie möchten. Wem Familie wichtig ist, der soll auch Zeit für diese haben. Und besonders wichtig ist, dass Frauen ein selbstbestimmtes Leben führen können. Sie müssen die Möglichkeit haben, sich beruflich zu verwirklichen und zudem für ihre eigene Altersabsicherung zu sorgen. Es gibt immer noch zu viele Frauen, deren Rente im Alter nicht reicht, weil sie für die Erziehung der Kinder aus dem Arbeitsmarkt ausgeschieden sind und ihnen diese wichtigen Beitragsjahre im Alter fehlen. Dem wollen wir vorbeugen, indem wir mehr Flexibilität ermöglichen. Damit diese Frage eine selbstbestimmte Entscheidung ist.

Um die Vereinbarkeit von Beruf und Familie weiter zu fördern, müssen auch Schulen- und Betreuungseinrichtungen diesem Ideal angepasst werden. Wir setzen daher auf gute Betreuungsangebote: auf ausreichend Kitas mit ausreichend Personal, aber auch auf Ganztagsschulen. Wir wollen, dass es einen Rechtsanspruch auf Ganztagsbetreuung von Kita- und Grundschulkindern gibt. Und wir wollen die Gebühren für Bildung schrittweise abschaffen. Das alles kostet Geld, wird aber die Familien entlasten: finanziell durch die wegfallenden Gebühren und praktisch durch die bessere Vereinbarkeit von Familie und Beruf.

Unsere Sozialsysteme und unser Arbeitsmarkt werden den Trends der letzten Jahrzehnte nicht mehr lange standhalten können. Wenn wir unser Zusammenleben nachhaltig regeln wollen, brauchen wir nichts weniger als einen neuen Generationenvertrag. Das ist kein theoretisches Konzept, sondern eine praktische Notwendigkeit. Die Alten, sie haben unser Land aufgebaut und uns den Wohlstand ermöglicht, den wir heute als unseren Lebensstandard betrachten dürfen. Dafür verdienen sie unsere Anerkennung und unseren Dank. Das ist eine Haltungsfrage. Es wird aber auch eine praktische Frage werden. Denn die Jungen werden immer mehr für die Absicherung der Alten leisten müssen. Damit das auch gelingt und diese Generation nicht von ihrer Last in die Knie gezwungen wird, müssen wir das Zusammenleben der Generationen neu erfinden. Es geht darum, der nächsten Generation die Chance zu erhalten, selbstbestimmt ein gutes Leben zu führen. Genau so, wie es meine Generation konnte.

Meine Eltern haben sich am Tag ihrer Hochzeit viele Fragen gestellt: Wie soll die Zukunft werden? Wie sollen wir das alles schaffen? Ihr Blick auf dem Hochzeitsfoto verrät: Sie waren überwältigt von den Problemen, die sie da auf sich zukommen sahen. Unseren Kindern soll es nicht so gehen. Sie sollen sorgenfrei und selbstbewusst in die Zukunft blicken können. Mit der Gewissheit, dass das Leben zwar viele Herausforderungen bereithält, dass sie aber bei deren Bewältigung nie allein sein werden.

KAPITEL 11

Die Schöpfung bewahren

Warum meine Frau mit dem Fernglas
auf die Bergehalden steigt

Meine Frau ist Landschaftsarchitektin und Hobby-biologin. Sie hat eine große Leidenschaft für die Natur. Was mit den Tieren geschieht, ist ihr wichtig, ob sie nun in unserem Garten leben oder am Nordpol. Da sind zum Beispiel die Kreuzkröten, die sich jedes Jahr im späten Frühling zur Paarung auf den Halden unserer Region, den weithin sichtbaren Zeugen unserer Berg-bauvergangenheit, treffen. Ich wäre wohl nie darauf aufmerksam geworden, was sich dort abspielt, wenn in warmen Regennächten die Temperatur über 20°C steigt. Denn dann macht sich meine Frau auf, um auf den ehemaligen Kohlehalden von einem künstlich angelegten sogenannten temporären Gewässer zum nächsten zu gehen und mit dem Fernglas die Hochzeit der Kreuzkröten zu beobachten. Früher lebte diese sel-tene Kröte, die kilometerweit läuft und fast nie hüpft, an Flussufern. Die Begradigung von Flüssen hatte zum Ergebnis, dass die temporären Überschwemmungs-gebiete an den Flussufern, zumeist mit Geröll bestückt, der traditionelle Lebensraum dieser Tiere, immer mehr verschwand und sie somit vom Aussterben bedroht sind. «Die Tiere haben keine Stimme, aber genauso ein Recht, auf diesem Planeten in Frieden und Sicherheit zu leben wie wir Menschen», das sagt meine Frau mir oft. Deshalb kämpft sie bei der Renaturierung von Bergehalden dafür, dass es Bereiche gibt, in denen temporäre Laichgewässer in Form von Mulden angelegt werden, damit diese scheue Tierart wieder eine Heimat findet, zumal sie zu unserer Bergbauvergangenheit gehört. Eine Tierart, die sandige Geröllzonen braucht, siedelte natürlich gerne in Bergbaugebieten, wo die Erde ständig aufgerissen wurde. Diese Tierart auf einer Kohlehalde zu erhalten sei, so meine Frau, auch ein Stück Bergbaugeschichte. Die Kreuzkröte gehört zum natürlichen Artenschatz meiner Region. Ohne sie würde etwas fehlen. Durch meine Frau habe ich gelernt, dass Umweltschutz auch sehr viel mit Heimat zu tun hat.

Das ist einer der vielen klugen Gedanken, den mir meine Frau mitgegeben hat. Sie hat mein Herz für den Natur- und Umweltschutz geöffnet. Zwar hat man, wenn man aus einer Kohleregion kommt, von Haus aus Zugang zu diesem Thema; die Verschmutzung, die wegen der jahrelangen und intensiven Nutzung dieses Rohstoffs entstanden ist, sieht man selbst mit bloßem Auge. Und durch meinen Besuch des Gymnasiums der Spiritaner war ich theoretisch mit der christlichen Idee, die Schöpfung zu bewahren, in Kontakt gekommen. Den direkten und emotionalen Zugang habe ich aber erst durch meine Frau bekommen. Wir haben viele Gespräche geführt. Über die Frage, ob Tiere eine Würde haben und warum wir verpflichtet sind, sie zu schützen.

Darüber, dass der Landschafts- und Tierschutz nicht ernst genug genommen und oft anderen Interessen untergeordnet wird. Meistens haben wir diese Fragen auf unsere Region bezogen diskutiert. Denn es sind Fragen, die uns unmittelbar in unserem Lebensraum betreffen. Wie werden Tiere dort behandelt, wo wir leben? Ist die Landwirtschaft in unserer Region nachhaltig oder der Boden durch übermäßige Düngung und Pestizide belastet? Sind unser Essen und das Essen, das wir unseren Kindern geben, wirklich gesund? Und welche Verantwortung tragen wir, wenn unser Land durch übermäßige Verschmutzung zu weltweiten Klimaproblemen beiträgt, unter denen dann die Armen dieser Erde am meisten leiden?

Auch deshalb, weil wir Eltern sind, haben wir viele dieser Fragen diskutiert, ja diskutieren müssen. Denn was mit unserem Planeten geschieht, betrifft nicht nur uns selbst. Jede Generation ist Erbnehmerin und Erblasserin zugleich. Wir erben unsere Erde von der vorherigen Generation und geben sie an die nächste Generation weiter. Unsere Pflicht und Verantwortung unseren Kindern gegenüber ist es, ihnen die Erde nicht in einem schlechteren Zustand zu überlassen als in dem, in dem wir selbst sie vorgefunden haben. In heutigen Zeiten müssen wir eigentlich noch weiter gehen. Seit der Industrialisierung werden die natürlichen Ressourcen der Erde in gesteigerter und hochintensiver Art und Weise genutzt. Schon meine Generation hat deshalb die Welt nicht mehr in einem intakten Zustand geerbt. Unser Anspruch muss daher sein, dass wir sie in einem besseren Zustand weitergeben. Tun wir dies nicht, verringern wir aktiv die Chancen der folgenden Generation, unserer Kinder, auf ein gutes Leben. Wir dürfen unseren Kindern und Enkelkindern kein vergiftetes Erbe hinterlassen.

Unsere Zukunft ist in Gefahr

Diese Aufgabe ist nicht auf Deutschland beschränkt. Auch wenn die Auswirkungen lokal zu spüren sind: Umweltschutz ist in einer globalisierten Welt gemeinsame Aufgabe der Weltgemeinschaft. Das beste Beispiel ist der Klimawandel. Überwiegend sind diejenigen Menschen und Staaten, die am meisten unter dem Klimawandel zu leiden haben, nicht diejenigen, die durch den Ausstoß von Klimagasen für die Veränderungen des Klimas mit ihren katastrophalen Folgen verantwortlich sind. Oft gehören die Staaten, die am meisten unter solchen Umweltschäden leiden, zu den ärmsten und schwächsten dieser Welt. Deshalb geht es bei Umweltpolitik auch um Umweltgerechtigkeit. Klima lässt sich eben nicht nach Landesgrenzen trennen, niemand kann sich abschotten oder eine individuelle Strategie entwickeln. Im Jahr 2009 hielt beispielsweise die Regierung der Malediven eine spektakuläre Kabinettssitzung unter Wasser ab, bei der sie einen Appell an die Welt richtete: «Reduziert eure Klimagase. Wenn ihr das nicht tut, dann werden wir ertrinken.» Die Malediven bestehen aus mehr als tausend Inseln und haben eine Bevölkerung von mehr als dreihunderttausend Menschen. Wenn der Meeresspiegel weiterhin so steigt, wie er es in den letzten Jahrzehnten getan hat, werden all diese Inseln in hundert Jahren unter Wasser stehen. Die Malediven werden verschwinden und mit ihnen die Menschen, die dort leben; eine artenreiche Fauna und Flora und eine Kultur sterben unwiederbringlich aus.

Der Klimawandel bedroht einzelne Gemeinschaften, und er bedroht die Menschheit als ganze. Schon jetzt gibt es kriegerische Auseinandersetzungen um knapper werdende Ressourcen und um Lebensräume. Deshalb ist Umwelt- und Klimaschutz auch immer Friedenspolitik. Schon heute gibt es Klimanomaden und Klimamigration. Die Zahlen dieser Flüchtlinge werden weiter steigen. Wie sehr, das wird von den Effekten des Klimawandels abhängen. Schätzungen sind deshalb bisher noch sehr unpräzise. Die Internationale Organisation für Migration spricht von bis zu einer Milliarde Klimaflüchtlingen bis zum Jahr 2050. Kaum vorzustellen, welche Herausforderungen im schlimmsten Falle auf die nächste Generation zukommen. Wir müssen aber gar nicht erst versuchen, so weit in die Zukunft zu blicken. Die Folgen des Klimawandels sind schon heute sichtbar, und Stück für Stück gewöhnen wir uns an die Berichte über heftige Stürme, Überschwemmungen, das Abschmelzen der Gletscher und des Polareises und das Wachsen der Wüsten. Seit 1980 hat sich die Zahl solcher Extremwetterereignisse etwa verdreifacht.

Wie sehr unsere Natur unter Stress steht, das zeigt auch ein Blick auf das Great Barrier Reef. Das größte Korallenriff der Erde gehört zu den Weltwundern der Natur und ist seit 1981 offizielles Weltnaturerbe der Unesco. Hunderte Korallenarten leben hier, mehrere tausend

Spezies wie Fische, Vögel und Pflanzenarten hängen von dem einzigartigen Lebensraum, den ihnen das Riff bietet, ab. Das Great Barrier Reef war noch nie so ausgeblichen wie derzeit. Es steht vor dem Zusammenbruch. Stirbt das Riff, werden mit ihm viele Tiere verschwinden. Sie werden Teil des weltweiten Artensterbens werden, das schon jetzt in vollem Gange ist. 2016 zitierte der «Tagesspiegel» den geschäftsführenden Vorstand des WWF Deutschland, der vom «größten globalen Artensterben seit dem Ende der Dinosaurier» sprach. Selbst die Giraffe ist mittlerweile auf die Liste der bedrohten Tierarten gerutscht. Aber auch heimische Arten wie der Kiebitz oder die Feldlerche sind bedroht.

Angesichts dieser Bedrohungen für Klima, Umwelt und Artenvielfalt müsste doch jedem klar sein, dass es jetzt Zeit ist zu handeln. Das tun wir auch: Mit den 17 Zielen für nachhaltige Entwicklung wurden 2015 ehrgeizige Ziele für das Jahr 2030 festgeschrieben, die die zukünftige menschliche Entwicklung mit Umweltschutz verbinden. Zudem sind wir im Kampf gegen den Klimawandel einen Schritt vorangekommen.

Es war ein großer und historischer Moment, den ich am 4. Oktober 2016 als Präsident des Europäischen Parlaments miterlebte. Der UN-Generalsekretär Ban Ki-moon war extra für unsere feierliche Sitzung nach Straßburg gereist, und die ganze Welt schaute auf uns. An diesem Tag stimmten wir ab, ob das Europaparlament dem Inkrafttreten des Pariser Klimaabkommens zustimmen sollte. 195 Länder hatten sich darin erstmals auf ein allgemeines, rechtsverbindliches weltweites Klimaschutzübereinkommen einigen können – darunter auch die beiden Großmächte China und die USA. Die Staatengemeinschaft verpflichtete sich unter anderem, den weltweiten Temperaturanstieg gegenüber vorindustriellen Werten auf deutlich unter 2°C zu begrenzen. Die Abgeordneten des Europaparlaments stimmten mit großer Mehrheit für das Abkommen. Die Aufbruchsstimmung war förmlich spürbar im Saal, es gab stehende Ovationen. Solch ein tiefgreifendes und umfassendes Klimaabkommen existierte bislang nicht. Noch nie war ein solches Abkommen in so kurzer Zeit nach seiner Unterzeichnung in Kraft getreten. Zum Vergleich: Zwischen der Unterzeichnung des Kyoto-Protokolls und seinem Inkrafttreten vergingen acht Jahre. Beim Pariser Abkommen dauerte es weniger als ein Jahr. Die Weltengemeinschaft schien entschlossen, sich nun gemeinsam, energisch und mit allen Mitteln für den Schutz des Weltklimas einzusetzen.

Einen Monat später gewann Donald Trump die Wahlen in den USA. Ein Mann, der den Klimawandel öffentlich in Frage stellt und der in seiner Wahlkampagne mit einem Ausstieg der USA aus dem Pariser Abkommen drohte. Noch ist nicht sicher, ob er diese Drohung umsetzen wird. Sichtbar ist aber schon jetzt, dass seine Politik dem Klima- und Umweltschutz geringe Wichtigkeit beimisst, wenn sie ihn nicht sogar völlig missachtet. Trump scheint sich entschieden zu haben, die Interessen der nächsten Generation den kurzfristigen Interessen einiger Wirtschaftslobbyisten zu opfern. Die USA werden nicht wie unter Obama eine Führungskraft beim globalen Kampf gegen den Klimawandel sein, sondern im besten Falle passiv beiseitestehen.

Bedeutet dies, dass wir nun den Kampf für eine bessere Umwelt aufgeben sollen? Ich denke nicht. Denn der Kampf für eine bessere Umwelt ist nicht optional. Er ist unsere Aufgabe und Verpflichtung, egal, wer uns dabei folgt oder nicht. Wir müssen selbstbewusst sein zu sagen: Donald Trump darf nicht alleine über die Zukunft dieses Planeten entscheiden. Wir haben hier auch eine wichtige Rolle. Deutschland ist seit vielen Jahren globaler Vorreiter beim Thema Nachhaltigkeit. Wir haben mit der Energiewende ein ambitioniertes Ziel vor Augen. Die ganze Welt beobachtet uns mit Spannung. Unser Erfolg kann für viele andere Staaten zum Vorbild werden. Vielleicht muss er es auch.

Ein Land der Nachhaltigkeit

Umweltschutz betrifft jeden. Es ist ein Thema, das viele Menschen bewegt. Viele sprechen mich darauf an. Sie fragen mich, wie die SPD oder ich persönlich zu dem Thema stehen. Ich stelle mich gerne diesen Fragen. Mehrmals habe ich zum Beispiel mit dem Sänger Pierre Baigorry, auch bekannt als Peter Fox, diskutiert, der ein engagierter Verfechter für besseren Klimaschutz ist und der mit Vehemenz seine Argumente vertritt und keine Ausflüchte duldet. Ich finde es großartig, wenn sich Menschen so einbringen. Wenn sie mit Leidenschaft für das kämpfen, was ihnen wichtig ist. Ohne die vielen Aktivistinnen und Aktivisten wären wir beim Umweltschutz in Deutschland heute nicht dort, wo wir sind. Die

Umweltbewegung der späten 1970er Jahre hat hier einen entscheidenden Beitrag zu einem neuen Verständnis geliefert. Das ist ihr historisches Verdienst – und der Kampf ist sicher noch nicht zu Ende.

In Deutschland haben wir auch dank des jahrelangen öffentlichen Drucks mit der Energiewende ein Jahrhundertprojekt ins Leben gerufen, das in der Welt einzigartig ist. Wir wollen in einem Land leben, das wirtschaftlich stark und gleichzeitig nachhaltig ist. Als eines der führenden Industrieländer haben wir uns entschieden, vollständig auf die Atomenergie zu verzichten. Das ist meiner Meinung nach eine der epochalen Entscheidungen, die Rot-Grün damals unter Bundeskanzler Gerhard Schröder getroffen hat. Als diese Entscheidung getroffen wurde, haben uns manche, wenn nicht für verrückt, dann doch teilweise für tollkühn gehalten. Noch schlimmer muss es Willy Brandt gegangen sein, als er bereits 1961 gefordert hat: «Der Himmel über dem Ruhrgebiet muss wieder blau werden!» Damals, nach vielen Jahrzehnten intensivster Kohleförderung und Industrialisierung, war die Umwelt in den Kohlegebieten so verschmutzt, dass man die Sonne schlicht nicht mehr sehen konnte und die Gesundheit der dortigen Bewohner gefährdet war. Die Menschen lebten buchstäblich unter einer grau-schwarzen Wolke. Das war auch in meiner Region nicht anders. Damals von einer Rückkehr des blauen Himmels zu sprechen, hatte fast etwas Utopisches, vor allem, weil es kaum ein Bewusstsein für Umweltschutzfragen gab. Deshalb wurde Brandt für diese Aussage belächelt, fast verlacht. Heute ist seine Vision Realität geworden. Es gibt wieder saubere Luft in diesen

Gebieten, es gibt wieder saubere Flüsse, und die Umweltqualität ist vielerorts deutlich gestiegen.

Das zeigt uns: Wenn der politische Wille da ist, dann kann man auch scheinbar utopische Projekte Wirklichkeit werden lassen. Und wo sollte eine Utopie, wie sie die Energiewende ist, eher Wirklichkeit werden als in Deutschland? Bei uns kommen viele positive Faktoren zusammen: eine Zivilgesellschaft, der Umweltschutz wichtig ist, Unternehmen, die flexibel und fortschrittlich diesen Weg mitgehen wollen, und das Wissen und Know-how, das uns hilft, komplexe Aufgaben praktisch zu meistern. Natürlich gibt es auch bei uns Stimmen, die dieses Vorhaben für falsch halten. Aber es ist doch gerade die spannende Aufgabe von Politik, auch scheinbar unversöhnliche Interessen in Einklang zu bekommen und hinter einem gemeinsamen Ziel zu versammeln.

Umweltschutz und wirtschaftlicher Erfolg können solche scheinbar unversöhnlichen Interessen sein. Sie müssen es aber nicht. Wenn wir zum Beispiel von Innovation sprechen, dann kann das heißen: «schneller, höher, billiger». Es kann aber genauso gut heißen: «nachhaltiger, effizienter, qualitativ hochwertiger». Schon unter dem damaligen Umweltminister Sigmar Gabriel wurde ökologische Industriepolitik Teil deutscher Umweltpolitik. Wir werden die Industrie auch weiterhin brauchen. Ich bin überzeugt: Die Industrie ist nicht nur Teil des Problems, sie ist auch Teil der Lösung.

Der menschengemachte Klimawandel ist auch eine Folge der Industrialisierung. Aber wir werden angesichts einer wachsenden Weltbevölkerung auf Massenproduk-

tion und internationalen Handel nicht verzichten können. «Konsumverzicht» ist ein sympathisches Schlag-
wort, das dem Lebensstil der aufgeklärten Mittelschicht
in Teilen Europas und der USA entspricht. Aber glauben
wir ernsthaft, den Menschen in sich noch entwickelnden
Teilen der Welt vorschreiben zu können, ihren Traum
von einem höheren Lebensstandard aufzugeben? Nicht
Deindustrialisierung ist das Gebot der Stunde, sondern
die ökologische Modernisierung der Industrie. Die deutsche Industrie ist Lieferant der Innovationen und der
Modernisierung, die wir weltweit brauchen, um in eine
neue, ökologisch balancierte Zukunft zu schreiten. Das
wird sich ökologisch lohnen, aber auch wirtschaftlich.

Das Bundesumweltministerium schätzte vor vier
Jahren, dass das globale Marktvolumen der Umwelttech-
nik und Ressourceneffizienz bis 2025 auf mehr als fünf
Billionen Euro anwachsen könnte. Es wäre doch töricht,
wenn die deutschen Firmen, die heute schon führende
Akteure auf Märkten wie dem der erneuerbaren Energien,
der Energieeffizienz, der Ressourceneffizienz, nachhaltiger Mobilität, Kreislauf- und Abfallwirtschaft und Was-
serwirtschaft sind, nicht auch weiterhin Führungsrol-
len einnehmen wollten. Wie erfolgreich Unternehmen
sein können, die sich auf grüne Zukunftstechnologien
spezialisiert haben, sehen wir ausgerechnet in den USA:
Dort ist unlängst das Unternehmen Tesla, das sich völlig
auf Elektromobilität spezialisiert hat, zum Marktwert-
führer in der Automobilbranche aufgestiegen. Es ist also
auch wirtschaftlich viel zu gewinnen, und gerade für
deutsche Firmen ist das ein Markt voller Chancen und
Möglichkeiten.

Für Deutschland sind also das Gelingen der Energiewende und die Modernisierung der Industrie ein entscheidender Zukunftsfaktor – sowohl ökologisch als auch wirtschaftlich. Die Herausforderung besteht darin, die Energiewende sicher, bezahlbar und umweltverträglich zu gestalten. Sie wird nur dann zum globalen Vorbild, wenn Deutschland beweist, dass das Erreichen ehrgeiziger Klimaschutzziele und der Erhalt einer leistungsfähigen Industrie miteinander vereinbar sind. Wir werden daher sicherstellen, dass Deutschlands hochinnovative Industrie mit energieintensiver Produktion international wettbewerbsfähig bleibt. Die Energiewende ist ein Projekt für unser ganzes Land, das auch mit jeder Bürgerin und jedem Bürger zusammen gestaltet werden muss. Wir müssen deshalb Systeme schaffen oder ausbauen, die die Teilhabe der Menschen am Umweltschutz ermöglichen. Ich will diese Teilhabe entschieden fördern und dabei kommunale Belange noch stärker ins Zentrum unserer Energiepolitik stellen. Wir werden für das Gelingen der Energiewende von staatlicher Seite weiterhin viel Geld in die Hand nehmen müssen: für die Unterstützung der Wirtschaft bei dieser Transformation, für Forschung und Entwicklung, für die nötige Infrastruktur, beispielsweise bei der Elektromobilität. Das alles sind notwendige Ausgaben für die Zukunft unseres Landes.

Es ist eine Illusion zu glauben – wie das beispielsweise der amerikanische Präsident offenbar tut –, dass Geld, das wir für den Umweltschutz ausgeben, verlorenes Geld ist. Klimaschutz ist kein Nullsummenspiel. Denn jeder Euro oder Dollar, den wir in unseren Planeten investieren, kommt als ein Vielfaches zu uns zurück. Es gibt immer mehr Initiativen, die versuchen, den monetären Wert der Umwelt zu messen. Die zum Beispiel berechnen, wie viele Millionen von Euro Bienen eigentlich jeden Tag mit ihrer wertvollen Arbeit erwirtschaften, ohne dass sie jemand dafür bezahlt. Oder dass die Kosten, die der Klimawandel erzeugt, viel höher sind als die Investitionen, die nötig wären, um diesen abzumildern. Alle diese Studien stellen heraus, dass sich Umweltschutz lohnt. Den wahren monetären Wert der Natur können wir gar nicht messen. Wie soll man zum Beispiel den Wert sauberer Luft messen, den eines sauberen Flusses oder den einer nicht verlorenen Spezies? Aber auch wenn manch schützenswertes Gut keinen «Preis» hat, ist es trotzdem sehr wertvoll. Für uns Menschen ist eine gesunde Natur überlebenswichtig. Umweltschutz nur als ökonomisches Positivsummenspiel zu sehen, wäre deshalb falsch: Denn im Kern ist er eine ethische Frage.

Es geht um die friedliche und dauerhafte Koexistenz von Menschen, Tieren und Pflanzen. Deshalb müssen wir für die Natur kämpfen. Für uns, weil wir in einer gesunden Welt leben möchten. Für unsere Kinder, denen wir die Welt in einem besseren Zustand vererben wollen, als wir sie von unseren Eltern erhalten haben. Auch Naturschutz ist eine Frage der Gerechtigkeit. Eine Frage der Generationengerechtigkeit, der Gerechtigkeit zwischen den Völkern und allen Bewohnern dieses Planeten. Dafür möchte ich mich persönlich einsetzen. Als Politiker, der jetzt Verantwortung trägt, dem aber auch das Schicksal der nächsten Generationen am Herzen liegt.

Dank

In den vergangenen Monaten habe ich viel über mich gelesen: Vieles war erfreulich, oft sogar ein bisschen zu sehr, anderes stimmte mich nachdenklich, und natürlich gab es auch manch Kritisches. Vereinzelt fand ich Einschätzungen bizarr, und manchmal wurde ein Zerrbild meiner Person oder meiner politischen Motive gezeichnet. Meine Freunde und Kollegen haben mir gesagt, dass das zum Geschäft gehöre, dass ich mir nichts daraus machen solle: Die Verfallsdauer einer Nachricht betrage in unserer beschleunigten Zeit oft nur wenige Stunden, maximal ein paar Tage. Im Berliner Politikgeschäft müsse man eben mit diesem fremdbestimmten Bild der eigenen Person leben. Ich halte diese Sichtweise für falsch, und ich will mich auf diese vermeintlich professionellen Spielregeln nicht einlassen.

Ich will mich weiter freuen, wenn ich ein berechtigtes Lob über mich lese, und vielleicht leise beschämt sein, wenn eine Bewertung etwas zu positiv ausgefallen oder gar unberechtigt ist. Ich will über berechtigte Kritik nachdenken, aber mich auch ärgern dürfen, wütend sein, ja auch verletzt, wenn mir unlautere Motive oder Praktiken unterstellt werden oder Falsches behauptet wird. Bei alledem gilt: Eine gute und investigative Presse ist entscheidend in unserer Demokratie – eine banale, gleichwohl wichtige Feststellung.

Ich will mir auch im sogenannten Berliner Betrieb mein Interesse an den Menschen, den Respekt gegenüber dem politischen Mitbewerber und natürlich meine

Offenheit gegenüber der Presse bewahren – auch und vielleicht gerade im anstehenden Wahlkampf. Denn ich bin überzeugt, dass ein Wahlkampf im besten Fall eine Sternstunde der Demokratie sein kann, bei der sachlich und klug über den besten Weg für unser Land und unseren Kontinent gestritten wird. Deshalb danke ich Ihnen, die Sie sich die Zeit genommen haben, um in diesem Buch selbst nachzulesen, wie ich ticke, was mir wichtig ist.

Überdies danke ich Jonas Hirschnitz, der mir beim Sortieren meiner Gedanken bei diesem Buch geholfen hat, und dem gesamten Team im Willy-Brandt-Haus, das mich im Januar freundlich aufgenommen und professionell begleitet hat. Stellvertretend für viele möchte ich Sigmar Gabriel danken, mit dem mich seit vielen Jahren eine enge Freundschaft verbindet. Meinem engen Team gilt ebenso mein Dank, vor allem Markus Engels, Natalie Hagemeister, Franz Danner, Maximilian Heidenreich, Heike Schmidt, Fatma Ahmed, Gabriele Müller, Liza Reuter, Lisa Pfann, Julian Hollburg, Tobias Dünow und Julian Lange. Nicht zuletzt möchte ich mich beim Rowohlt · Berlin Verlag, dem Verleger Gunnar Schmidt, Ulrich Wank und Frank Pöhlmann für die intensive Zusammenarbeit an diesem Buch bedanken.

Der Autor spendet seine Einkünfte aus diesem Buch an den Deutschen Kinderschutzbund.

MARTIN SCHULZ

DER GEFESSELTE RIESE
EUROPAS LETZTE CHANCE

Noch nie war die Europäische Union so umstritten wie heute. Martin Schulz, ehemaliger Präsident des Europäischen Parlaments, räumt auf provokante Weise mit den Illusionen der Europaskeptiker auf – und plädiert für eine echte europäische Demokratie, ein starkes Europa, dessen soziale Gerechtigkeit weiterhin weltweit als Vorbild dienen kann. Nur wenn wir unsere Errungenschaften selbstbewusst verteidigen, können wir unseren Wohlstand sichern und unseren Kontinent vor der Bedeutungslosigkeit bewahren. Eine Streitschrift, die zugleich einen Ausweg aus der Krise weist.

«Martin Schulz ist ein leidenschaftlicher Europäer.
Und er kann Geschichten erzählen.»
Süddeutsche Zeitung

«Wortgewaltig und konfliktfreudig.»
Focus

Das für dieses Buch verwendete Papier ist FSC®-zertifiziert.